여성 노동과 조직

- 기회의 차이는 있는가 -

여성 노동과 조직

- 기회의 차이는 있는가 -

조 혜 선 著

한국학술정보(주)

책머리에

　여성과 노동의 영역은 현대 사회에서 변동이 일어나는 핵심 영역 중 하나이다. 21세기 지식 기반의 사회가 도래하면서 여성의 경제활동에 대한 사회적인 관심이 크게 높아지고 있고 여성의 노동 상황에 다양한 변화가 시작되고 있다. 고급 인적 자본을 가진 여성의 활용이 국가 발전을 위한 대안으로 부상하고 조직 내 위계적인 구성 방식의 변화, 노동력의 다양화를 통한 새로운 가능성이 여성에 대한 사회적 초대를 북돋우고 있기 때문이다.

　그러나 여성이 노동시장에서 겪는 경험은 미래 사회의 이상과 아직 거리가 있다. 노동의 우선성을 암묵적으로 인정받는 남성과는 달리 여성의 노동 기회는 매우 다양한 요인들을 매개로 한 복잡한 양상을 띠고 있다. 가정이 여성의 우선적인 책임 영역으로 전제로 되는 한 가정 영역은 여성의 경제활동에 여전히 큰 영향을 미치는 장이었다. 그러나 여성의 특수한 상황이 가정뿐만 아니라 노동 상황의 차이에서 비롯될 수 있다는 사실이 자주 간과되었다는 사실은 노동시장 구조에 대한 사회학적 분석의 필요성을 시사한다. 여성은 가정 요인 때문에 경제활동에서 주도적 역할을 담당하지 못한다는 일반적인 전제는 개개인의 독특한 사례에 일괄적으로 적용될 수 없기 때문이다. 더구나 미래 사회의 주요한 변동이 여성의 조직 내 위치를 중심으로 일어난다면 현재의 노동 상황에 대한 체계적인 분석 없이 현실에 보다 적합한 변화를 추진하거나 동태적 변화의 궤적을 추적하기 어렵다.

본 연구는 여성의 노동 현황에 대한 구체적이고 체계적인 실증 자료를 제시하고자 하는 목적으로 한국 노동 시장의 성별화 된 구조적 상황을 연구한 논문이다. 이를 위해 성별화 된 경제활동 참여와 유형, 직업 구조, 경력의 동태적 궤적, 노동 태도에 이르는 다양한 스펙트럼을 연구 내용으로 포함하였다.

다양한 스펙트럼을 통해 나타난 성별화 된 특성은 인적자본 중심의 경제학적 설명에 반론의 근거를 제시하였다. 남성 중심의 노동시장 이론에서 주목하지 않았던 할당적 차별과 가치적 차별이 병행되는 과정으로서 여성 노동의 경험은 인적 자본론과 노동시장 구조론의 논쟁에 핵심이 되는 문제이다. 개인 노동자의 능력에만 주목하는 인적 자본론에 입각한 분석만으로는 구조적으로 불평등한 위치에서 경제활동에 참여하는 여성의 특성을 충분히 설명할 수 없다. 여성의 경험을 특징적으로 드러내기 위해서는 그들이 처한 구체적인 상황에 주목하는 것이 필요하다. 업무 특성, 시공간적 제약, 가족 단위의 전략, 노동의 지속 기간에서 나타나는 특징들은 여성의 특수성이 노동 공간에서 복합적으로 드러나는 영역으로서 분석에 중요한 축이 되었다.

본 연구는 1997년 외국 석학과 공동으로 진행한 '동아시아 국제 심포지엄'을 단초로 시작된 박사 논문을 책으로 출간한 것이다. 당시 한국, 미국, 대만, 중국의 외국 석학들과 벌인 토론은 국제 학술 대회에 첫 발을 디딘 필자에게 매우 깊은 인상을 남겼다. 다양한 방법론적 문제들과 그에 대한 구체적인 대안을 제시했던 토론 과정을 통해서 자료에 적합한 분석 방법을 발전시킬 수 있었고 다른 나라와 우리나라의 노동 상황을 비교, 이해함으로써 노동 시장에 대한 이해를 심화시킬 수 있던 유용한 시간이었다.

　　그러나 소중한 사람들의 지원이 없었다면 오늘의 글이 완결되지 못하였을 것이다. 언제나 학문에 대한 열정으로 유용한 조언을 해주신 시카고 대학의 M. Brinton과 W. Parish 교수, 그리고 수학적인 문제를 꼼꼼히 되짚어주신 김용학 선생님께 감사드린다. 그리고 나의 생활에 언제나 버팀목이 되어주었던 사랑하는 가족에게도 감사의 마음을 전한다. 아침부터 밤까지 진행되는 학문의 행진에 여념 없던 엄마의 빈자리를 따뜻함으로 채워줬던 성수씨, 우리 집 재롱둥이 민용이, 수용이는 책을 쓰는 내내 나의 기쁨이요 안식이 되었다. 또한 늘 믿음으로 지켜 보아주시고 변함없는 기대로 성원해주신 양가 부모님들의 끊임없는 사랑에도 감사드린다. 무엇보다 지치고 힘들 때마다 새로운 기쁨과 지혜로 충만게 해주셨던 하나님께 감사드린다.

2005. 4
저　자

차 례

그 림 차 례

제1장 서 론

1. 연구 문제

최근 노동시장에서 주목할 만한 분포상의 변화 가운데 하나는 경제활동에 참가하는 기혼 여성들의 비율이 두드러지게 증가하고 있다는 사실이다. 우리나라의 경우도 지난 20여 년간 기혼 여성들의 노동시장 참여 정도가 크게 늘어나서 기혼 여성의 경제활동참가율(48.5%)과 미혼 여성의 경제활동참가율(49.5%)이 비슷한 수준에 이르게 되었다. 기혼 여성들의 이러한 경제활동 참가율 증가는 세계적인 추세이며 최근의 경제학과 사회학에서 주목받고 있는 연구대상중 하나이다(Goldin 1990; Mincer 1962).

이러한 노동인구 구성상의 변화는 산업구조의 재편과 관계 깊다. 제조업 중심의 수출산업이 중심이 되었던 70년대까지만 하여도 여성들의 참여는 단기간의 경력을 추구하는 미혼의 여성들이 주를 이루는 제한된 형태였다. 당시에는 노동집약적인 산업이 주된 토대를 구성하고 있었으므로 저임금의 미혼여성노동이 단순 반복적인 작업에 이용되었다(박세일 1995). 그러나 1988년에 이르면 제조업 취업자 구성비는 감소하기 시작하고 서비스업이 빠르게 증가했으며(어수봉 1993), 생산직에서 여성인력의 부족과 서비스직의 확장으로 인해 기혼여성들이 적극적으로 노동시장에 참여하는 계기가 마련되었고 여성 노동은 핵심적인 노동력으로서 부상하였다.

그러나 노동시장에 대한 논의는 남성들을 주요 대상으로 하여 이루어지고 있고 여성노동에 대한 평가는 사회적 변화를 반영하지 않은 채 아직도 규정적인 수준에 머무르고 있다. 여성들은 개별적인 특성을 중심으로 다음과 같이 규정되고 있다; 첫째, 여성들은 결혼 전에 잠시 취업하는 단기적인 노동력이다. 현재 일하고 있는 여성이 미혼이냐 기혼이냐 하는 문제는 중요하지 않다. 왜냐하면 미혼의 여성일지라도 미래에 있을 결혼 혹은 출산으로 인한 경력 중단을 전제로 하여 이미 차별을 받고 있기 때문이다. 차별은 여성일반에 대한 차별이다. 둘째, 여성들의 기술수준은 사회적으로 낮게 평가된다. 많은 경우 여성들의 업무는 단순—보조적 성격을 띤다. 비록 기술수준이 높은 경우라 하더라도 단기적인 노동인구로 규정된 여성들은 관리직에 배치되지 못하고 직급 위계에서 하위직에 머물러 여성들의 기술은 저평가 되고 있다. 셋째, 여성들은 노동몰입이나 조직몰입수준이 낮다. 전반적으로 낮게 나타나는 몰입수준은 생산성 저하로 이어져 자본에게 해가 된다.

이와 같은 여성 일반에 대한 규정논리 속에는 생물학적인 성(sex)과 사회적으로 구성된 성(gender)이 혼재되어 있다. 여성이라는 성(sex)에 따른 차별이 규정됨으로써 차별을 야기한 과정에 대해 더 이상 탐구하지 않고 차별 자체를 당연시하는 결과가 나타나는 것이다. 사회적으로 구성된 성(gender)의 문제를 직접적으로 다루기 위해서는 여성에 대한 차별의 실제적인 기반이 되는 메커니즘에 대한 경험적 검증이 필요하다. 여성들에게 다르게 작용하는 구조적 조건은 사회적으로 다른 의미를 가지는 성(gender)을 구성하는 중요한 요소이다. 노동시장에서의 경쟁은 모든 부문에 동등하게 적용되는 완전경쟁이 아니라 부문 간에 분리된 불완전 경쟁이라고 할 때 성(sex)을 기반으로 하는 구조적 분리는 노동시장에서의 성(gender)을 독특하게 구성하는 행위이다. 여성은 특정한 부문에 배치되고 동일한 인적 자본을 가진 개인들은 그들이 속한 부문에 따라 달리 평가될 수 있기 때문이다.

한국 노동시장에 대한 기존의 연구에서도 구조적 분리의 문제는 주요한 연구대상이 되어왔다. 그러나 구조적 분리의 원인이 무엇인가에 대하여서는 다양한 주장들이 제기되어왔다. 개인적 수준에서는 숙련, 학력, 성이라는 요인들이 분리기준으로 제시되었고(류장수 1993; 이효수 1984) 구조적 수준에서는 1차/2차, 내부/외부 등 노동시장의 분단현상에 대하여 분석, 진단하는 논의들이 제시되었다(박준식 1991; 정이환 1992). 이와 같은 노동시장에 대한 논의는 대체로 남성 중심으로 진행되었을 뿐만 아니라 분리의 형성원인에 대하여 이론적으로 체계적인 설명을 제시하기보다는 현상적 분리의 수준을 파악하는 묘사적 연구들(descriptive researches)이 주를 이루고 있다. 성이라는 요소는 일부 연구에서 분리기준이 되는 하나의 요인으로서 부차적으로 다루어졌을 뿐이고 구조적 분리와 여성노동의 문제는 본격적으로 고려되지 않고 있다.

여성노동의 차별성을 드러내는 주제 중 양적인 연구가 가장 많이 축적되었고 현상에 대하여 설명이 시도된 부분은 성별임금격차에 대한 논의이다(박세일 1984; 박영범 1990; 김태홍 1990; 어수봉 1991; 남춘호 1986; 김영화 1990). 이들 연구들은 임금에 영향을 미치는 요인들에 대하여 다양한 방식으로 접근하고 있기 때문에 직접적으로 연구 내용을 비교하는 것은 가능하지 않다. 그렇지만 이 연구들을 통해 성별 임금격차를 설명하는 구성요소들에 대한 대체적인 추세는 발견할 수 있다. 성별 임금격차에 대한 분해 결과[1] 개별적 요인들과

---

1) 성별임금격차에 대한 연구는 주로 Oaxaca(1973)방법을 따르고 있다. Oaxaca 분해방법은 시장에서의 차별이 없다면 남녀 임금함수의 구조 및 수익률이 동일해야 한다는 가정하에 임금에 영향을 주는 요인들의 효과를 분석하는 것이다. 이때 임금에 영향을 주는 모든 요인들을 분석에서 고려하고 있다는 것이 전제가 된다. 그러나 경험적 연구에서 모든 요인들을 고려하는 것은 불가능하므로 추정상의 편기와 해석상의 제약이 문제가 된다.

구조적 요인들의 효과가 확인되고 있는데 성별 임금격차가 완화되고 있는 전반적인 추세 외에 성별로 차이가 나타나는 원인으로서 생산 성차이로 인한 격차부분은 오히려 줄어들고 있다는 홍미로운 결과가 보고 되고 있다. 다시 말하면 우리나라 노동시장에서 성별임금격차를 설명하는데 있어서 노동자의 개별적인 특성보다는 직종분리와 같은 구조적 특성들이 더 중요한 효과를 가지게 되는 추세라는 것이다. 그러나 이들 연구들은 경제적 보상이라는 노동의 결과에 치중하여 설명한 까닭에 노동자들이 경험하는 노동 상황에 대해서 일면적인 설명을 제시하고 있다는 한계를 가지고 있다.

한편 여성들에 대하여 초점을 맞추는 논의들은 특정 부문의 여성들을 연구하는 소규모 질적 연구들에 집중되어 있다(정영애 1996; 유희정 1989; 손승영, 조정아 1993). 여성들의 입장에서 본 노동 상황에 대한 의미해석을 부각시키는 이들 연구경향은 여성들이 처한 구체적인 노동 상황과 제도의 실제적인 적용, 왜곡의 문제를 통해 여성노동의 문제를 심층적으로 이해하는데 도움을 주고 있다. 여성들에 대한 차별은 경제적 보상의 차이라는 가시적 차별 외에도 노동과정에서 교묘하게 적용되고 있는 비가시적 차별의 형태로서 여성들의 노동경험을 다르게 하는 효과를 나타내고 있다는 것이다. 그렇지만 이들 사례연구들은 전체 노동시장 내 여성들의 상황을 대변하고 있다고 단정하기는 어렵다는 점에서 제한적이며 대부분의 연구들이 현상적 사실을 형성하는 요인들을 설명하기보다는 현재의 상태를 묘사하는 연구들에 그치고 있어 체계적인 이론화 작업이 필요한 실정이다.

본 연구는 한국노동시장에서 특징적으로 나타나는 성별 분리구조가 미치는 영향을 살펴봄에 있어서 경제적 결과 중심의 단편적인 연구들을 보완하고 여성들이 행하는 선택과 적응양식을 다양한 국면에서 종합적으로 이해하고자 한다. 이를 위해 구조적 현상에 대한 진단뿐만 아니라 구조의 내용과 변화를 설명하고 다양한 노동경험에 대한 복합적인 설명기제들을 고려함으로써 구조적 효과를 확인하고 설명하고자 한다. 특히 여성들의 구체적이고 주관적인 경험이 실제적으로 노동경험을 다르게 하는 효과를 나타낸다고 보고하는 사례연구들의 교훈을 분석에 적극적으로 받아들여서 주관적 경험을 포함하여 여성들의 상황을 반영하는 다양한 설명변인들을 선택하고 설명하는데 유의할 것이다.

이와 같은 목적을 가지고 구체적으로 살펴볼 연구문제는 다음과 같다. 첫째, 성별 직업분리라는 노동시장의 구조적 조건은 실재하는가. 그리고 분리된 직업구조에 따라 가치차별이 행해지는가. 특히 개인적 특성들과 구조적 특성들은 어떻게 상호작용 하며 직업 간 차이를 나타내는 내용으로서 직업특성들이 구체적으로 어떤 효과를 가지는가. 둘째, 성별 직업분리구조는 경력이동의 과정에서 어떻게 유지 혹은 전환되는가. 경력이동과정에서 나타나는 직업의 유지 혹은 전환 유형에서 어떠한 패턴을 찾을 수 있는가. 직업, 규모, 고용 지위는 경력이동의 과정에서 어떠한 변화를 나타내는가. 다시 말하면 직업의 성 분리(sex segregation)를 반영하는 범주로서 여성직, 혼성직, 남성직이라는 분류범주, 소규모에의 여성 집중현상, 가족종사라는 여성들의 독특한 고용 지위는 경력이동의 과정에서 어떻게 변화하는가. 셋째, 경력이동과정은 어떤 요인에 의해 설명할 수 있는가. 즉 남녀별로 상이하게 나타나는 근속기간을 결정하는 요인은 무엇인가. 이를 위해 인구학적 특성, 인적자본, 주관적 지향을 포함한 개인적 특성들과 가족의 생애단계 및 직업이라는 구조적 특성들이 직업의 지속에 어떠한 효과를 가지는가를 살펴보고 이를 성별로 비교, 확인한다. 특히 단기적이고 간헐적인 여성들의 노동경험을 제대로 파악하기 위해서는 현재 일하고 있는 일부 여성들로 분석을 한정하기보다는 노동경험이 있는 모든 여성들의 다양한 노동경력을 고려하는 동태적인 분석이 필요하다는 점에서 경력이동의 궤적(trajectory)을 설명한다. 넷째, 현재의 노동 상황에서 여성이 가족과 맺는 관계성[2]은 어떠한 효과를 가지는가. 다시 말하면 생애단계의 변화, 가족 내에서 종속적 위치, 구체적인 가정 상황과 그에 관련된 가치관들이 노동시장에서 행하는 결정과 태도에 어떠한 효과를 가지는가. 이러한 효과를 알아보기 위해서 노동시장의 참여여부에 대한 결정 및 참여형태 그리고 노동태도들을 통해 여성들의 노동경험을 다차원적으로 조명하고 남성들과 비교, 설명한다.

2. 이 책의 구성

본 연구는 경험적인 자료에 대한 분석 결과를 토대로 하여 현재 여성들의 위치를 나타내는 구조적 기회의 특성들을 확인하고 구조적 차이로 인해 여성들의 노동경험이 어떻게 달라지는지를 탐색한다. 이러한 과정에서 노동현장에서 이루어지는 다양한 선택과 적응양식에서 나타나는 여성들의 노동경험특색을 밝히고 남성들과 다른 여성들의 독특한 노동경험을 소명하기 위해서 어떠한 요인들이 고

---

2) 여성들이 가족과 맺는 관계는 결혼을 전제로 한 핵가족을 중심으로 논의한다. 최근 미혼모, 편모, 이혼, 재혼 등 가족관계의 변화에 따른 여성들의 다른 위치가 여성들의 경제활동참여와 관련하여 관심을 불러일으키고 있다. 그러나 본 연구에서 사용하는 동아시아 자료에서는 이들 경우에 대한 충분한 사례수를 확보할 수 없었기 때문에 자료가 제공하는 범위 내에 분석을 한정하기로 한다. 따라서 본 연구에서는 여성들에게 중요한 의미를 가지고 있는 대표적인 경험인 결혼 혹은 출산과 관계된 여성들의 생애단계 변화에 한정하여 가족과의 관계에 대한 설명을 진행하기로 한다.

려되어야 할지를 알아봄으로써 여성노동에 관한 일련의 논쟁에 구체적이고 실증적 근거를 제시하고자 한다.

2장에서는 여성노동을 이해하는데 시사점을 가지고 있는 다양한 이론적 논의들을 검토한다. 이론적 논의는 크게 두 가지 구조적 불평등에 초점을 맞추고 있다. 첫째는 노동시장에서 여성들이 경험하는 구조적 기회의 불평등이다. 여성 노동의 문제를 구조적으로 이해할 때에 성별직업분리라는 기회구조의 불평등 문제는 여성들의 노동경험을 다르게 하는 중요한 조건이 된다. 구조적 문제는 할당과 평가라는 두 가지 차원에서 논의된다. 또한 기존의 경제학에서 분리의 문제가 어떻게 논의되고 있으며 구조적 입장과는 어떠한 점에서 시각을 달리하고 있는지를 논쟁의 중심으로 고찰한다. 둘째는 여성의 가족과의 관계성에서 비롯된 조건의 불평등이다. 사회적으로 정의된 여성들의 역할로 인해 가족은 여성들에게 우선순위를 가지는 구조적 조건이다. 가족과의 관계성에서 비롯되는 사회구조적 맥락은 여성들의 독특한 경험을 이해할 수 있는 배경적인 조건이 된다. 여성들의 간헐적 고용이나 낮은 경제활동참가에 영향을 미치는 생애단계에 따른 변화는 여성들의 경험을 다르게 하는 중요한 구조적 조건이다. 가족과 노동의 접합점에서 여성들의 다양한 경험을 이해하고자 하는 분석시각은 가족상황과 노동 상황을 동시에 분석에 도입하는 연구들로 구체화된다. 노동시장에서 작동하는 기회의 불평등 구조는 일반화된 수준에서 조건적 불평등을 전제로 하는 차별에서 기인하기 때문에 두 가지 불평등 구조는 기본적으로 연결되어 있다. 다만 가족상황을 분석에 도입함으로써 일반적인 수준에서 가정된 구조의 현실적 효과를 구체화할 때 여성들의 경험을 다르게 하는 또 하나의 구조를 제대로 인식할 수 있다는 점은 강조될 필요가 있다. 기존의 연구들을 통해 설명된 부분과 설명되지 못한 부분에 대한 고찰은 새로운 분석을 위한 연구문제를 정립하는 기반이 된다.

20

3장에서는 이 책에서 사용하는 자료의 일반적인 성격과 함께 각 장의 연구주제에 따라 자료가 선택된 과정을 설명한다. 이 책 전체에서 주로 사용한 기본 자료는 '동아시아자료'이다. 다만 4장에서는 방법론상의 이유 때문에 '임금구조 기본통계 조사보고서(1996)'를 기본 자료로 하고 '동아시아자료'를 보완적으로 사용하는 방식으로 색다르게 자료를 선택한다.

4장과 5장에서는 성별직업분리라는 기회의 불평등구조가 여성들의 배치와 평가에 어떠한 의미를 가지고 있는지를 경험적으로 실증한다. 먼저 4장에서는 직업이 성별로 어떻게 다르게 할당되어 있는가를 보여주기 위해 성별격리지수와 직업 내 성 비율을 계산하여 직업 간 분리가 여성들의 노동경험을 다르게 하는 지표가 된다는 사실을 입증한다. 성별로 다르게 할당된 직업에 대한 선택은 개인적 특성과 직업별 특성들이 복합적으로 작용하여 결정된 것이다. 성별로 다른 직업을 가지는 구조적 현상이 중요한 의미를 가지는 것은 구조적 위치에 따라 차별적으로 가치가 부여되기 때문이다. 위계선형분석(hierarchical linear model: HLM)은 '직업 내 차이(within jobs)', '직업 간 차이(between jobs)'를 동시에 고려하여 직업에 대한 평가가 결정되는 기제를 보여준다. 직업이라는 분석단위는 가치적 차별을 설명하는데 어느 정도 효과를 가지고 있는지 그리고 직업의 특성들에 따라 보상은 어떻게 다르게 주어지는지를 분석한다. 직업 간 차이를 유발하는 직업특성들의 효과는 여타 다른 연구에서 직접적으로 다루어지지 않은 흥미로운 주제이다. 특히 성별로 구조화된 특성인 여성적인 업무가 평가차이를 유발하는 요인으로서 어떠한 효과를 가지는가를 주목한다.

5장에서는 시간적 축에 따라 직업이 어떻게 할당되는지를 성별, 코호트별로 나타나는 경력이동의 특징으로 유형화하고 직업지속기간에 대한 동태적 변화를 추적한다. 경력이동의 과정에서 직업(남성직, 혼성직, 여성직), 규모, 고용 지위라는 직업의 구조적 특색들이 어떻게 변화하며 경력이동의 유형이 성별로 어떠한 의미를 가지고 있는지를 살펴본다. 그리고 본격적인 동태적 변화를 추적하기 위하여 직업의 지속기간의 변화에 영향을 미치는 다양한 요인들의 효과를 분석한다. 여성들의 근속기간이 짧다는 문제는 노동시장에서 여성들이 차별을 받는 원인으로서 자주 지적되지만 어떠한 요인이 이러한 차이를 유발하는지에 대하여 구체적으로 분석된 경우는 드물다. 최근 동태적 분석을 위한 방법으로서 각광받고 있는 사건사 분석(event history analysis)을 이용하여 취업주기의 변화에 대하여 분석한다. 생애단계에 따른 변화와 직업에 따른 차이들을 함께 고려함으로써 구조적 조건들이 여성들의 취업경험에 어떠한 효과를 미치는가를 살펴본다.

6장과 7장에서는 기혼노동자들에 초점을 맞춰 가족과 관련된 조건들이 노동자들의 선택과 적응기제에 미치는 효과를 살펴봄으로써 여성노동자들의 독특한 상황을 조명한다. 먼저 6장에서는 노동시장 참여여부와 참여형태에 대한 선택에 있어서 가족단위의 전략이 어떻게 작용하는지를 분석한다. 고용 지위로 보아 노동시장의 참여형태는 고용주/자영업자, 가족종사자, 공기업 피고용, 사기업 피고용이라는 네 가지 범주로 구분할 수 있다. 일반적으로 고용 지위는 고용주와 노동자의 관계로 정의된 개념이므로 자영, 가족종사, 피고용으로 나누지만 노동시장의 기회불평등 구조에 노출되어 있는 여성들의 경우에 조직의 제도적 성격이 중요하리라 보고 피고용 내의 두 가지 부문인 공기업과 사기업을 구분하여 네 가지 참여형태를 구분한다. 경제활동참여형태에 대한 선택에는 기본적인 인적 요인들 외에도 생애단계로 인한 제약, 남편에 대한 경제적 종속 지위, 여성 자신의 가치관 등 여성들의 조건적 불평등을 반영하는 요인들이 효과를 가지리라고 예상된다. 더불어 피고용이라는 같은 고용 지위임에도 불구하고 공기업과 사기업이라는 조직영역을 구분함으로써 제도적 조건이 다르다면 여성들의 노동참여를 결정하는 요인들의 효과가 어떻게 다를 것인지 그리고 공기업과 사기업은 실제로 노동자들에게 어떻게 다른 노동환경을 제공하는지를 검토한다.

7장에서는 기혼 남녀 노동자들에게 있어서 가족상황과 노동 상황이 맺고 있는 유기적인 연관관계를 주관적인 노동태도 형성을 중심으로 살펴본다. 남성과 여성은 사회적으로 다른 역할이 정형화(stereotypes)됨으로써 가정과 직장에 대해 다른 관계를 가지고 있다. 직장에서의 노동은 남성들에게 일차적인 의무이고 가정에서 자녀양육과 가사노동은 여성들에게 일차적 책임이 있다. 이러한 사회적 정형화는 여성들이 직장생활을 한다고 크게 달라지지 않는다는 것이 경험적인 연구들이 공통적으로 보고하는 사실이다(Hartmann 1981; Cowan 1987). 가족에 대한 다른 관계로 인해 일반적으로 여성노동자들은 직업에 몰입(commitment) 정도가 다르다는 사실이 지적되고 있다. 성별 노동태도의 차이는 차별에 대한 정당화 논리로 자주 등장하는 요인이다. 이 장에서는 성별로 나타나는 노동태도의 상이성이라는 단편적인 사실 규정의 차원을 넘어서서 노동태도를 형성하는 기제에 대한 설명을 통해 성별차이의 문제를 보다 구체적으로 이해하고자 한다.

제2장 이론적 논의

여성들의 노동시장 참여를 어떠한 이론적 관점에서 설명하는가 하는 것은 학자들 간에 지속적인 논쟁이 이루어지고 있는 부분이다. 경제학적 관점에서는 여성들이 노동시장에서 상대적으로 열악한 상황에 처해있는 것이 인적 자본의 차이에서 비롯된 합리적 현상이라 설명하고 현재 관찰되는 불완전한 경쟁상황은 시장에 의해서 해결될 일시적인 단계라고 설명한다. 반면에 구조적 관점에서는 완전 경쟁이라는 경제학적 논거에 반론하며 인적 자본이 같은 개인들에게서도 나타나는 체계적인 차이가 구조적 특성에 의해 설명되어야 하며 구조에 따른 불완전한 경쟁이 현실적 조건이라는 점을 강조한다.

신고전학파 경제이론과 노동시장구조론을 원론적인 수준에서 비교하는 것은 본 연구의 범위를 벗어나는 커다란 주제이다. 따라서 본 연구에서는 각 이론이 여성노동의 독특한 경험을 설명하는데 가지는 이론적 함의를 설명하는 데에 관심을 한정하기로 한다. 성별에 따라 차이가 존재하는 노동시장의 구조적 특성에 초점을 맞출 때 여성노동 경험의 특수성이 어떻게 설명되는지를 우선적으로 살펴보고 논쟁점이 되는 부분들을 고찰한다. 이와 같은 이론적 논의들은 경험적 연구들을 통해 드러낼 연구문제의 초석이 될 것이다.

1. 노동시장의 성별 분리 구조: 기회의 불평등

인종 간, 성별 격차와 같은 구조적 효과가 지속되면서 노동시장이 완전 경쟁이라는 경제학의 가정이 현실적으로 적합한 설명인가에 대해 강한 의문이 제기되었다. 구조적 관점을 가진 연구자들은 구조적인 격리현상이 노동시장의 주요한 특성이라는 점을 지적하고 노동시장에서의 경쟁은 특정 구조에 의해 분리된 경쟁이라는 점을 강조한다.

구조적 분리를 결정하는 중요한 요소 중 하나가 성(sex)이다. 성별 분리의 정도, 결정인, 결과들이 연구자들의 중요한 관심사가 되는 이유는 성에 의한 직업 분리가 노동시장에서의 많은 다른 결과들의 원인으로 작용하기 때문이다(Bielby & Baron 1986).

성별 분리의 내용은 분석적으로는 다음과 같은 두 가지 차원으로 개념화할 수 있다(Petersen & Morgan 1995). 첫째, 노동자들의 위치를 결정하는 할당차별(allocative discrimination)이다. 이는 여성이 임금을 적게 받는 직업들이나 기업들에 차별적으로 할당되거나 조직 내에서 채용, 승진 기회를 다르게 제공 받는 차별을 포함한다. 할당적 차별은 한편으로는 여성들이 하는 업무를 특화한 수평적 분리(horizontal segregation)의 형태를 띤다. 특성의 직업 혹은 산업에 여성 혹은 남성이 집중되어 있는 현상은 이러한 차별을 반영하는 현상이다. 다른 한편으로 할당적 차별은 조직의 위계상에서 높은 지위에 남성들이 집중하고 하위직에 여성이 집중하는 현상인 수직적 분리(vertical segregation)현상을 의미한다(Bradley 1989). 여성들이 하는 단순 업무들은 경력에 따라 그 능력을 인정받기 어려운 경우가 많고 경력의 의미는 남녀 간에 다르게 나타난다. 수직적 분리와 수평적 분리는 분석적으로는 구분이 가능할 수 있지만 실제

현상에서는 어느 정도 중첩되어 나타난다.

둘째, 구조적 분리의 개념은 단순히 공간적인 문제를 의미하는 것이 아니라 위계적인 의미를 내포하는 가치차별(valuative discrimination)이기 때문에 중요하다. 가치차별이 존재한다면 근속기간, 인적 자본 등 임금에 영향을 미치는 중요한 요소들이 같다고 하더라도 구조적 위치에 따라 다른 보상을 받을 수 있다. 일례로 여성들이 주로 가지는 직업들에서는 남성들이 주로 가지는 직업들보다 낮은 보수를 지급하는 것을 들 수 있다.

다음에서는 이와 같은 분석적 개념을 중심으로 기존의 이론들을 정리해보고 경제학적 설명들과의 논쟁점들을 고찰함으로써 여성 노동에 대한 설명에 있어서 구조적 인식이 가지는 이론적 의미를 되짚어 보기로 한다.

1.1 할당적 차별

할당적 차별은 특정한 기준에 따라 일정한 구조에 배치되는 현상을 지칭한다. 할당적 차별의 구체적인 양상은 분리 단위가 되는 구조를 어떻게 정의하는가에 따라 달리 설명될 수 있다. 직업, 규모, 부문(sector)은 다른 위치를 설명하는 주요한 구조이다. 다음에서는 성(sex)에 따른 차이를 설명하는데 가지는 이론적 함의를 중심으로 구조적 단위에 따른 분리문제를 논의해보기로 한다.

먼저, 직업 혹은 업무의 분리는 성 분리(sex segregation)를 다루는 많은 연구들에서 지적되고 있는 대표적인 구조적 분리현상중 하나이다. 남자와 여자의 직업들은 일정 정도 경계를 지울 수 있을 정도로 구분이 되어 있는 것이 현실이며, 여자들의 직업들은 평가 절하 되어 임금 수준이 낮을 뿐만 아니라 승진 사다리가 발달되어 있지 않고(dead end jobs) 고용자체가 불안정한 직종들로 이루어진 경우가 많다(Doeringer and Piore 1976).

바로 이러한 직업 간 분리는 노동 시장에 분리된 경쟁이 존재한다는 점에서 중요하다. 소렌슨(Sørenson, 1974)의 공석경쟁이론(vacancy competition theory)은 직무 간 경쟁에 대하여 설득력 있는 설명을 제공하여 주고 있다. 경쟁은 직무 간에 일어나는 것이 아니라 직무 내에 한정된 것이다. 각각의 직무에 따라 직무 점유를 위한 지원자 행렬이 구성된다. 이 때 사람들은 자신들이 원하는 직업을 얻기 위해서 직무가 요구하는 자질을 갖추고 차례를 기다린다(Doeringer and Piore 1976; 이재열 1996). 이러한 설명 방식은 기존의 노동 시장 설명의 주체와 객체를 뒤집은 것이다. 개별적인 개인이 노동 시장에서 직업을 구하는 상황을 가정한 것이 인적 자본론이라면 개인들이 아니라 직무가 그 직책에 필요한 사람들을 구한다는 상황을 설정한 것이 공석 경쟁 이론이다. 이 설명에 따르면 개인들이 다른 직업으로 옮기고자 할 때 개인들이 가지고 있는 자원들은 더 이상 필요충분조건이 아니다. 설령 개인들이 그 직업이 필요로 하는 자원을 가지고 있다고 할지라도 빈자리(vacancy)가 있어야만 이동이 가능하다. 결국 이동 기회는 개인이 가지고 있는 인적 자원이 아니라 직무가 공석이 되어 생기는 구조적인 기회에 달려있다.

직업이 구조적 기회를 결정하고 그 기회가 성에 따라 다르다고 할 때 취업 기회는 성에 따라 달라지게 된다. 특정한 자리를 차지하기 위한 차례는 노동자들의 잠재적인 생산성과 그들의 임금률 간의 관계에 따라 등급 지어진다. 따라서 노동 서열의 끝에는 원하는 직업에의 접근이 제한된 불리한 사람들이 존재하게 된다(Doeringer and Piore 1971). 여성은 흔히 이러한 서열에서 불리한 위치를 차지하고 있다. 여성들의 접근이 용이한 직업은 특정한 직종에 한정되어 있고 대부분의 직업들에서 여성들은 개별적 특성들의 차이 이전에 성이라는 귀속적 차이에 근거하여 다른 구조적 위치에 배치되고 있다.

둘째, 할당적 차별에서 분리단위가 되는 또 다른 구조적 특성은 조직의 규모이다. 애버리트(Averitt 1988)는 이중 경제론(dual economy)을 제시하면서 기업의 규모에 의한 분리의 양상을 설명한다. 작은 기업들과 대기업들은 서로 다른 조건에서 경쟁을 한다. 작은 기업들은 신고전주의 이론에서 보여주는 경제적 원리에 따라 작동하지만 대기업들은 스스로 시장을 장악할 만한 권력을 가지고 있다. 대규모 자본 투자가 가능한 대기업들은 그들의 생산에 대해 수요를 조작할 수도 있고 정부와의 관계를 주도적으로 적절히 이용할 수 있으며 손쉽게 국가의 경계를 넘어서는 전술과 전략들을 구사할 수 있다(Kalleberg & Berg 1988) 내부 노동시장에 의한 인력의 유치나 노동조합에 의한 교섭 행위는 대기업 중심으로 행해지고 있다. 규모에 따른 임금의 차이를 보고하는 경험적 연구들은 규모라는 구조에 의하여 비슷한 수준의 인적 자본을 가지고 있는 개인들이 다르게 보상될 수 있다는 사실을 입증하여 주고 있다. 규모에 따른 차등적 조건은 여성노동과 관련하여 긍정적인 효과를 기대하기 어렵다. 경제활동에 참가하고 있는 여성들의 분포로 볼 때 여성들은 10인 이하의 소규모 기업에 집중되어 분포하고 있고 대기업에 종사하는 여성들의 비율은 남성들에 비해 상당히 적다는 사실을 알 수 있다.[3] 결국 여성들은 상대적으로 대기업에서 가능한 여러 가지 혜택들에서 떨어져 있는 셈이다. 규모에 따른 차별이 존재한다면 여성들은 상대적으로 열악한 상황에 처하게 될 가능성이 높다.

셋째, 부문(sector)에 따른 구조적 차이는 보다 복합적인 요소들

---

3) 규모별 취업자 분포를 살펴보면 여성은 70.5%가 9인 이하의 소규모기업에 다니고 있으며 5.8%만이 300인 이상의 대기업에 다니고 있다. 반면에 남성들은 54.5%가 9인 이하의 소규모 기업에 다니고 있으며 12.26%가 300인 이상의 대기업에 다니고 있는 것으로 나타나 성에 따른 규모의 편중현상이 확인된다(1997, 한국여성개발원).

을 고려하여 불평등 구조를 다루고 있다. 이중노동시장이론(The Dual Labor Market Theory)은 부문 간 차이를 이론화한 대표적인 이론이다. 이들은 노동 시장을 1차 부문(primary market)과 2차 부문(secondary market)으로 구분하고 그 특색을 다음과 같이 정리한다. 1차 부문은 높은 임금, 고용 안정성, 승진 기회, 노동 규칙의 관리 과정에 의한 평등이 보장되는 반면 2차 부문은 낮은 임금, 낮은 부가 급부(fringe benefits), 열악한 노동 조건들, 높은 이직률, 희박한 승진 기회, 자의적이고 변덕스러운 감독 등 열악한 노동 상황을 특징으로 한다(Doeringer and Piore 1971). 인적 자본론에서 가정하는 것은 능력과 배경이 같은 사람들은 동일한 보수를 받아야 한다는 것이다. 그러나 실제로 사람들은 자신의 능력 때문이 아니라 경제적 부문 내에서의 다른 위치에 속해 있다는 사실로 말미암아 차이가 나는 보수를 받는다(Jacobs & Brieger 1988). 2차 부문에 속하는 사람들은 여자나 학생 등 노동 시장에 우선적인 관심이 없는 사람들이 되게 마련이다(Doeringer and Piore 1971). 문제가 되는 것은 본인의 필요에 의해서가 아니라 구조적 제약에 의해서 일방적으로 2차 부문의 직업을 가지게 된 사람들의 경우이다.

여성노동문제와 관련하여 구조적 이론들은 여성들의 열악한 구조적 위치에 대하여 다양한 차원에서 함의를 가지고 있다. 더구나 개인들이 처한 구조적 위치는 이동에 의해 쉽게 변경될 수 있는 것이 아니다. 인적 자본론에 따르면 개인은 특정한 구조에 속하였다고 하더라도 자신의 노력과 능력에 따라 이 구조에서 벗어나 다른 구조로 이동하는 것이 자유롭다. 그러나 구조론자들은 구조 간의 이동이 개인이 자유롭게 선택할 수 있는 것이 아니라는 점에 주목한다. 특정 구조에 배치된 사람들은 인적 자본과 직접적인 관계를 가지지 않는 특정한 성이나 인종이 다수를 차지하는 구성상 편향을 보이고 있고 있다는 것이다.

왜 특정한 성(sex)인 여성이 2차 부문에 집중되어 있는가(Bibb and Form, 1977). 특정한 직업을 가진 노동자는 자신이 속한 구조적 환경에 의해 평생을 걸쳐 취득할 수 있는 보수가 달라진다. 1차 부문에 속한 노동자들은 나이에 따라 증가된 보상을 기대할 수 있다. 승진도 기대할 수 있다. 그러나 2차 부문에 속한 노동자들은 이러한 유익을 기대할 수 없다. 대다수의 여성이 2차 부문에 속하였다면 여성이 낮은 보수를 받는 것은 그들이 처한 구조적 환경에 의해 결정된 것이다. 구조에 따른 부문 간 차이는 부문 내 개인들의 차이를 넘어서는 보다 근본적이고 결정적인 차이가 된다.

인적 자본론은 개인들 간의 차별이 생산성과 연관된 합리적인 이유로 설명될 수 있다는 이론적 입장에서 구조적 분리에 대한 논거를 반박한다. 생산성에 있어서 차이를 가져오는 인적 자본 요인에는 공식적인 교육수준, 기술, 그리고 근속기간이 있다. 후기에 오면서 인적 자본론은 근속기간이라는 요인에 강조점을 두면서 다양한 직업 간에 나타나는 보상에 있어서의 차이는 바로 그들이 가지고 있는 직업에서의 근속기간의 차이에서 비롯되는 것이라고 한다(Mincer 1974). 직업을 가지고 있는 사람의 직위나 조직 내 근속 기간에 있어서 분산의 크기로 인해 직업 간 임금 분포의 크기가 결정된다는 것이다. 따라서 여성들이 차별을 받는 것은 여성 집단에 대한 차별에서 비롯된 것이 아니라 그들이 상대적으로 남성들보다 짧은 근속기간을 가진다는 경력차이 때문에 나타나는 현상이라는 것이다.

근속기간은 기업 특수적 기술과 관련이 있는 인적 자본이다(Becker 1964). 전문직에서 경력을 쌓는 것은 그 분야의 기술을 증가시키고, 좋은 임금을 보장하게 하는 방편이기 때문이다. 그러나 이러한 기술에 대한 평가에 있어서도 성 차별이 적용된다면 중요한 것은 인적자본이라는 성취적 지위가 아니라 성이라는 귀속적인 지위가 된다. 이러한 상황에서 여성의 기술은 동등한 남성의 기술보다 낮게 평가되고 보상될 것이다(Gattiker & Cohen 1997). 동일한 기술이 성에 따라 다르게 평가되는 현상은 경험적인 연구들에서 어렵지 않게 관찰할 수 있다(김미주 1988).

더구나 성에 의한 차별은 개별적 영역에서뿐만 아니라 구조적 영역에서의 차이를 유발한다. 여성직과 남성직 간의 분리와 차별은 이러한 분리의 대표적인 예이다. 인적 자본 이론 내에서 구조적 분리를 설명하려는 시도가 있다. 이러한 시도 중 하나로 Polachek(1976)은 기존의 성 차별이론과는 달리 수요측이 되는 고용주들이 아니라 공급측이 되는 노동자들을 중심으로 구조화된 직업분리를 설명한다. 특정한 직업에 여성들이 몰려 있는 이유는 생애주기의 효과로 인하여 지속적인 경력을 추구할 수 없는 여성이 생활방식 최적화(life-style optimization)라는 다른 전략에 의해서 직업을 다른 방식으로 선택하기 때문이라는 것이다. 여성들은 그들의 간헐적(intermittent) 경력이 문제가 되지 않는 단순한 업무를 의도적으로 선택하고 장기간 노동시장에 머무를 수 있는 여성은 관리직이나 전문직과 같은 남성직을 선택한다. 따라서 직업 간에 나타나는 불평등 현상은 예상되는 근속기간에 따라 개인들이 합리적으로 선택한 결과이다(Polachek 1981).

잉글랜드(England 1982)는 NLS(National Longitudinal Survey) 자료 중 30세에서 44세까지의 여성들을 표본으로 택하여 근속기간과 직업선택에 대한 관계를 검증하였다. 여성들이 여성직을 선택함으로써 노동시장에서 벗어나 있던 공백기간에 따르는 손해를 줄일 수 있다는 가정은 경험적 사실로 입증할 수 없었다. 또 지속적인 경력을 추구하는 여성들이 남성직에 집중되어 있지도 않았다. 결국 불연속적인 경력 계획으로 인해 여성직을 선택한 여성들의 경제적 행위가 경제적으로 합리적인 행위라는 폴라체크의 가설은 경험적 증거에 의해 뒷받침 되지 않았다.

코코란과 던컨(Corcoran & Duncan 1979)은 성과 인종 간의 임금 격차를 노동력(work history)에 의해서 설명하면서 인적자본론에 근거한 설명의 설득력에 대해 의문을 제기하고 있다. 이들 연구에서 가장 중요한 설명요인은 현재의 고용주와 일한 기간, 특별히 직업 훈련을 하는 기간이었다. 백인 남성들은 보다 가치 있는 부분들에서 많은 시간을 보냈기 때문에 다른 집단의 노동자들보다 전체 노동 경험에 대해서 이득을 보는 것이다. 폴라체크(1974)의 연구와는 달리 실업기간(labor force withdrawals)에 대한 부정적 의미는 대체로 지지되지 않았다. 이들에 따르면 여성들이 남성들과 차이를 가지는 부분은 그들이 가정일과 직장 일을 병행하기 위해서 직업훈련에 적게 투자하는 전략을 선택하기 때문이다. 그러나 만일 회사 측에서 여성들에게 직업훈련의 기회를 다르게 제공하거나 여성들이 집중되어 있는 직업에서의 훈련기회가 다르게 주어진다면 문제의 원인은 공급측면에 있는 것이 아니라 수요측면으로 전이된다.

공급측면에서 성차별적 분리에 대한 합리적인 설명을 하는 또 다른 시도는 여성들의 선호에 초점을 맞춘 헤이킴(Hakim 1991)의 연구가 있다. 저자의 핵심적인 주장은 여성들은 일에 대한 지향에 있어서 이질적인 집단이므로 여성 일반에 대한 이해보다는 선호에 따른 여성 내부의 차이를 고려한 분석이 필요하다는 것이다. 그는 선호에 근거하여 여성들을 가정지향적(home-centered), 적응적(adaptive), 노동지향적(work-centered) 집단의 세 가지로 분류한다. 가정지향적 집단은 가정과 아이들에 우선순위를 두는 집단이고 노동지향적 집단은 노동에 우선순위를 두는 집단이며 이 양극단의 사이에 적응적(adaptive) 집단이 있다.

선호의 이질성은 여성 노동의 열악한 상황에 대한 다른 해석을 가능하게 한다. 가장 고되고 지루한 것으로 여겨지는 조립라인(esp. 자동차 산업)에서 노동자들에게 상당한 정도의 만족이 발견되는 모

32

순적 상황은 노동자들의 지향차이로 설명될 수 있다는 것이다. 헤이킴(Hakim 1991)의 연구에서 시간제 노동자는 이처럼 객관적으로 불만족스러운 상황에 대해 만족을 보이는 노동자인데(grateful slaves) 그 까닭은 노동자들이 그들의 고용과 그 방식을 정의 내리고 자신들의 노동 상황을 정의하는 일에 대한 지향이 객관적인 노동 상황과 이에 대한 노동자들의 반응을 매개(mediating)하기 때문이다. 시간제 노동에 대한 선택이 가정과 노동을 병행하기 위한 노동자들의 자발적인 선택이라면 그들의 상황은 개선되어야 할 제약이 아니라 만족스러운 대안이 된다.

이러한 논의는 크롬프톤과 해리스(Crompton & Harris)가 헤이킴과 벌인 일련의 논쟁의 시발이 된다. 크롬프톤과 해리스는 영국, 노르웨이, 프랑스, 러시아, 체코 공화국의 5개국에 대한 비교 연구를 통해 변화하는 성관계 체계와 여성고용의 구조화 사이의 복잡한 연계들을 탐구하는 가운데 헤이킴이 주장한 선호이론이 실제로 적용되는지를 살펴보았다(Crompton & Harris 1998). 연구대상은 여성화되고 있는 직업들-의약, 금융-이었고 각 나라 각 직업에서 15명씩 추출하여 생애사적 인터뷰(biographical interviews)를 통해 자료를 수집하였다.

이들 연구자들이 헤이킴의 논의에 대해 반박하고 있는 점들은 다음과 같다. 첫째, 선호(preference)는 고정된 것이 아니라 맥락에 따라 변화하는 복잡하고 다양한 것이다. 같은 사람이라도 당시에 처한 생애주기에 따라 노동에 대한 지향 강도가 변화한다. 둘째, 각 나라들마다 사회제도와 복지 수준에 있어서 차이가 존재한다. 선호에 대한 일반화보다는 사회적 맥락에 따른 제한된 선택이 보다 현실 적합성 있는 설명이다. 선호들은 선택을 구성하기는 하지만 결정짓지는 않는다. 선호 자체도 생래적인 것이라기보다는 어릴 적의 사회화의 결과이다. 나라마다 상황-복지국가의 발전정도, 고용제도

등이 다르기 때문에 여성 문제를 해결할 수 있는 어떤 보편적인 해결책도 존재하지 않는다. 셋째, 여성 직업 내부에서도 직업이 양극화되고 있다. 한편에서는 고용 조건이 좋은 전문 직업들에서 여성 고용 비율이 늘어나고 있고 다른 한편에서는 고용이 불안정하고 불규칙한 직업들에서 여성 고용 비율이 늘고 있다. 이러한 분화는 현 후기산업사회에서 혼자서 가족 임금을 벌 수 있는 직업 종류가 가파르게 줄어들고 있다는 사실(Frazer 1994: 592)과 가족임금이라는 이데올로기의 부식과 관계가 깊다(Crompton & Harris 1998b).

한편 헤이킴은 현대로 오면서 선호가 노동시장 참여의 형태를 결정하는데 중요한 요인이 되고 있다는 것을 계속해서 강조한다. 1960년대 중반에 피입 혁명으로 인해 여성들이 출산력을 통제할 수 있게 됨에 따라 경제적 필요에 따라 노동시장에 참여했던 과거의 경우와는 달리 선호가 점점 더 중요한 추진력이 되었고 특히 부유한 현대사회에서 고도의 교육을 받은 여성들에게 선호는 가장 중요한 요소가 되었다는 것이다. 모든 여성들은 낮은 등급과 낮은 보수에도 불구하고 시간제 노동을 추구한다는 것이 보편적인 사회적 현상이다. 또한 모든 사회에 직업 분할은 존재하고 특히 수직적 분할이 보편화되어 있다. 이러한 유사성을 설명하기 위해서는 선호이론이 필요하다는 것이다. 크롬프톤과 해리스는 이러한 유사성을 설명하지 못하고 모든 것을 포함하는 성차별이나 남성들의 배타적 행위에 호소한다. 남성들과 비교하지 않음으로써 남성들이 일반적으로 모든 직업 구조의 수준에서 보다 자격을 갖추었다는 사실을 간과한다. 국가간 비교 자료를 통해서 알 수 있듯이, 제도들은 여성노동시장 행위나 비시장적 행위에 미약한 영향만을 보이고 있다(Hakim 1996).

헤이킴이나 폴라체크와 같은 설명은 사회현상의 체계를 설명할 수 있는 하나의 보편적인 설명을 추구하는 경제학적 설명에 속한다. 이들은 노동의 공급요인에 초점을 맞춤으로써 여성의 자발적 선택이 현재의 불평등 현상을 설명하는 원인이 된다고 보는 공통적인 시각을 가지고 있다. 상황에 따른 선택과 선호라는 주관적 요소를 강조한 것은 여성들이 겪게 되는 다른 경험과 여성노동의 사회적 의미변화를 연구하고 여성 내부의 이질성을 연구하는데 중요한 시사점을 준다.

그러나 현존하는 불평등이 여성 스스로의 선택에서 야기된 것이라면 여성들이 그들의 지향을 달리 할 때 그러한 불평등 현상도 더 이상 존재하지 않아야 할 것이다. 하지만 이러한 설명은 높은 교육수준을 가진 우리나라 여대생들이 직업의 문턱에서 겪는 좌절과는 거리가 있다. 가정생활로 인한 제약과 마찬가지로 노동시장에서 겪는 경험은 여성들의 선호와 노동 경험을 새롭게 재구성한다. 인적자본론이 현실적합성을 가지기 위해서는 같은 인적 자본을 가지고 있는 여성과 남성이 다르게 보상받는 근본적인 원인이 되는 구조적 효과를 고려해야 한다. 동일한 인적 자본—그것이 근속기간이든 교육 수준이든—이 경제외적인 직업의 특성에 따라 다르게 평가되는 구조적 분리가 현실이라면 분리된 구조들에 동일하게 적용되지 않는 불완전 경쟁이라는 맥락(context)을 간과하고 공급측면에서의 인적자본이나 선호의 차이만을 강조하는 것은 여성들이 경험하는 현실과는 거리가 있는 설명이 된다. 개인들의 차이는 그들에게 가자 다르게 작용하는 구조적 맥락에서 이해되어야 한다. 결국 성별 분리에 대한 구조적 설명은 현존하는 불평등의 내용을 밝힘으로써 인적자본론을 반증하고 있다.

1.2 가치적 차별

성별 분리를 보는 시각은 다양하지만 분리를 문제시하는 논의의 저변에는 분리가 가치 차별과 얽혀있는 불평등현상이라는 점이 공통적으로 내포되어 있다. 성별 직업분리는 남녀가 단순히 다른 직업군에 공간적으로 분리되는 것이 아니라 여성과 남성으로 분리된 직업군이 질적으로 다른 차별적 성격을 가진다는 것이다. 노동 시장에서 여성은 남성과 다른 위치를 가짐으로써 여러 가지 보상에 있어서 차별을 받는다. 대표적인 예로 여성들은 남성들에 비해 평균적으로 임금을 적게 받는다. 이러한 차이는 개인적인 차별성뿐만이니라 성별로 분리된 직업에 대해 다른 보상체계가 존재하는데서 비롯된다. 사회적 지위와 임금이 보장되는 특정 직종에서 여성들의 비율이 낮고 반대되는 직종에서 여성들의 비율이 높은 분포상의 편향으로 인해 남녀 간의 차이가 더욱 첨예화되는 것이다.

여성노동을 논의하는 경험적 연구들은 성별에 따라 나누어진 직업군이 남녀의 차이를 연구하는데 중요한 의미를 가진다는 점을 지적하고 있으며 여성직[4]에서 일하는 노동자들이 남성직에서 일하는 노동자들보다 적은 보수를 받고 있다는 사실을 확인해 주고 있다 (Gattiker & Cohen 1997). 한 연구에 따르면 생산에 관련된 다른 요인들을 통제한 후에도 여성직에 있는 노동자들은 남성직에 있는 사람들보다 15% 낮은 임금을 받는다(Blau and Beller 1988). 이러한 차이는 노동자들이 위치하는 영역의 분리와 이에 대한 가치차별에서 비롯되는 구조적 불평등현상을 반영하는 것이다.

가치차별현상은 외면적으로는 임금 또는 승진가능성으로 표현된

---

4) 직종 내의 성별 비율로 여성직, 혼성직, 남성직으로 나눌 수 있다. 일반적으로 여성비가 30% 이하이면 남성직, 30-70%이면 혼성직, 70% 이상이면 여성직으로 분류한다.

다. 여성직으로 분류되는 대부분의 업무는 승진체계를 상정할 수 없는 단순보조직인 경우가 많고 비록 그것이 전문적인 업무라 할지라도 여성이 다수라는 사실로 말미암아 기술적인 업무능력은 평가절하 된다(Cockburn 1983). 이렇게 볼 때 기술의 정도에 따라 보상의 차별을 합리적으로 설명하려는 경제학적 발상이 얼마나 현실과 유리된 설명방식인지 그리고 성에 따른 평가차별에 내포된 사회적 의미를 합리적으로 설명하기에 얼마나 부족한지를 깨닫게 된다. 여성들에 대한 사례연구에 따르면 여성들은 자신이 한 업무도 남성들을 통해 결제 받음으로써(유희정 1989) 노동에 대한 책임과 보람에서 소외되어 있다. 조직 관행을 통해 여성들의 일이 간접적으로 평가절하 되고 있는 것이다. 다양한 조직관행은 이미 사회적으로 구조화되어서 여성직에서 조차 남성들을 관리자로 모시는 조직구조를 연출한다.

여성직에 대한 평가절하로 인해 여성직은 구조화된다. 버그만(Bergmann 1986)은 분리의 구조적 성격에 대해 수요와 공급의 논리에 의해 설명한다. 여성들이 특정한 직업들에서 과잉 혹은 과소 분포되어 여성직 혹은 남성직으로 일단 규정이 되면 여성직으로 규정된 직업들에서 평균 임금은 상대적으로 낮게 책정되어 남성들의 진입을 제한하는 효과를 가지게 된다. 또 여성들의 직업은 특정 부문에 제한되게 됨으로써 구직을 원하는 여성들 중 직업을 구하지 못한 비율이 높아져 공급과잉현상(overcrowding)이 나타나게 됨에 따라 여성들의 임금은 더욱 낮아지는 효과를 가지게 된다(Bergmann 1974).

이렇게 되면 고용주는 여성 노동자들을 낮은 임금에 고용하여 생산비용을 절감할 수 있는 이득이 있는데도 불구하고 여성을 고용하는 것을 지속적으로 기피하고 있다는 모순에 이른다. 더구나 소수가 아니라 다수의 고용주가 이러한 비경제적인 결정을 견지하고 있다는 것을 어떻게 설명할까(Blau & Jusenius 1976). 경제적 계산에서 손익추정이 의사결정에 가장 큰 요인이라면 이러한 계산을 뒤엎을 정도로 강한 선호가 유지되는 맥락은 무엇일까.

또한 이러한 선호는 왜 모든 고용주들에게 공통된 문제가 아니고 특정의 직업에서 유난히 여성들이 집중되거나 과소 분포하는 현상으로 나타나는가. 더구나 고용주의 이러한 결정은 채용과정뿐만 아니라 직업훈련의 과정에서도 지속되는 차별화 현상이라면 노동 시장에 참여하는 여성들의 노동 동기는 고용주의 부정적 암시(negative self-fulfilling prophecy)로 인해 왜곡될 것이다. 고용주의 계산은 더 이상 생산성의 향상으로 이윤을 늘리는 자본가의 합리적인 계산에 근거하고 있지 않다. 성이라는 귀속적 속성에 따라 다른 방식의 계산을 하고 있는 것이다

신고전 경제학에서는 성에 따른 직업분리는 일시적인 현상이고 결국 시장의 원리에 의해서 해결될 현상이라고 설명한다. 남성직에서 고용주들이 여성에게 채용될 기회를 제공하려하지 않는다면 여성들은 낮은 임금을 받고라도 해당 직업을 가지려고 할 것이다. 고용주들이 남성직에서 높은 임금을 제공하지 않게 됨에 따라 여성직에 대한 남성직의 우위는 소멸될 것이고 낮은 임금을 받고도 노동을 제공할 여성들에게 남성직으로의 진입이 고무될 것이라는 것이다.

그러나 노동시장에서 실제로 일어나는 현상들은 수요와 공급의 원리에 따라 명쾌하게 결정되지 않는다. 수요와 공급의 원리가 노동력의 흐름을 제대로 설명하기 위해서는 노동력이 자유로이 이동할 수 있는 완전경쟁시장을 가정할 수 있어야 한다. 그런데 실제 노동시장은 성, 연령 등 노동력의 자연적 차이에 따라 이질화된 분단구조를 형성하고 있어서 분리된 구조 간에 상호대체가능성을 완전히 확보할 수 없다는 것이 문제이다.

한국 노동시장에서 성(sex)은 가장 중요한 구조적 분리의 요인이다(이효수 1986). 80년대 말 미숙련 단순 생산직의 공급부족 현상에

대해 진단한 조순경(1990)은 가장 상호대체가능성이 높은 직종의 성격에도 불구하고 남성대체인력을 기용하는 방안으로 전환하지 못하는 현상을 여성직이라는 성별분업관념을 벗어나지 못하는 모순적 현상으로 날카롭게 지적하고 있다. 흐름생산방식(flow production system)에서 노동인력의 부족은 생산에 많은 차질을 빚어 개별 자본에게 해로운 결과를 초래함에도 불구하고 기존의 성분업관념은 쉽게 변화되지 않는다(조순경 1990). 남성직에서도 사정은 마찬가지이다. 고용주들은 남성들에게 높은 임금을 제공하면서도 '남성들의 일'에 여성들을 고용하지 않는다. 섬유제조업에 대한 사례연구(김미주 1988)에서 남성들에 비해 기술지식이 뛰어난 여성들이 단지 여자라는 이유로 낮은 직급에서 노동을 하고 '기계유지 및 수리'라는 남성들의 일에는 남성들을 고용하여 높은 임금을 제공하는 것을 볼 수 있다. 결국 성에 따른 직업분리는 경제적인 수준만으로 합리적으로 설명될 수 없고 사회적인 수준에서의 평가가 결부된 현상으로 이해할 필요가 있다.

성에 따른 가치차별에 있어서 차이는 여성들의 경제활동참여에 중요한 영향을 미친다. 민서(Mincer, 1963)는 임금의 의미를 여가와 관련하여 해석하면서 두 가지 상충되는 결과를 지적한다. 첫 번째는 임금의 긍정적인 효과(positive wage effect) 혹은 임금 변화로 인한 대체효과(positive substitution effect of changes in wages)라 명명한 것이다. 실질 임금의 증가로 인해 노동하지 않는 시간에 잃어버리는 임금의 크기가 커지게 되고 상대적으로 여가 시간이 더 비싸지게 된다. 이 때 개인들은 높은 임금을 잃어버리지 않기 위해서 노동시간을 증가시키는 선택을 하게 될 수 있다. 두 번째는 임금의 부정적인 효과(negative income effect)인데 높은 임금으로 인해 개인들은 여가를 포함한 다양한 상품에 대한 구매능력이 증가하게 되어 노동 시간을 줄이게 된다는 것이다(Mincer 1963). 고임금이라는 경제적 조건은 개인들의 전략에 따라 다른 효과를 가진다는 사실을 알 수 있다. 그런데 이러한 효과가 성에 따라 다르게 나타난다는 사실에 주목할 필요가 있다. 남성들의 경우에는 임금의 부정적 효과가 보다 강하다. 그런데 이러한 경향은 여성들에게 일반적으로 적용하기 어렵다. 가족 임금이 증가했음에도 불구하고 여성들의 노동시장 참여율은 오히려 증가하는 추세이기 때문이다. 즉 여성들의 경우는 임금의 긍정적 효과가 보다 강하게 나타난다는 것이다.

여성들이 노동 시장에 참여하기 위해서는 자녀 양육 등 가족과 연관된 부대비용이 들게 되고 이러한 비용은 취업을 위한 기회비용이 된다. 노동자가 노동하지 않을 경우 발생하는 여가의 가치를 의중 임금(reservation wage)이라고 한다면 노동자는 실제 받을 수 있는 임금이 의중 임금보다 높아야 노동 시장에 참여한다(England & Farkas 1986). 여성들은 임금이 충분히 커서 이러한 비용을 감당하고도 충분한 이익이 발생할 때 경제활동에 참여를 하게 된다.

결국 여성들의 노동시장 참여를 유도하기 위해서는 경제적 가치가 중요하다. 그러나 많은 여성들이 속한 여성직에서 임금은 오히려 평가절하 되고 있다. 결국 여성들이 노동할 수 있는 직업들에서 행해지는 성별로 분리된 구조와 평가절하는 여성들의 참여 동기를 원천적으로 저해할 수도 있는 심각한 원인이다. 더구나 이러한 평가가 구조적인 것이라면 문제는 더욱 심각하다.

할당적 차별과 가치적 차별은 동전의 양면과 같다. 분석적으로는 두 가지 개념을 나눠서 정리할 수 있지만 실제적 현상에서는 성에 따른 직업분리현상에 두 개의 차별현상이 동시적으로 내포되어 있다. 성별 직업분리현상은 여성들의 노동경험을 다르게 하는 중요한 구조이다. 그러나 이러한 구조적 차별하에 모든 여성들이 동등한 조건을 가지고 노출되어 있는 것은 아니다. 여성 일반으로 추상화

된 여성 노동에 대한 표면적 이해는 여성내부의 이질성을 간과하는 또 다른 오해를 일으킬 소지가 있다.

2. 가족과 여성: 조건의 불평등

노동시장의 구조적 분리의 문제가 해결되어서 여성들에게도 남성들과 동일한 구조적 기회가 제공된다면 과연 모든 여성들이 남성들과 동등하게 경제활동에 참여할 수 있을 것인가. 여성 일반에 대한 평가절하는 여성 노동자들 모두가 공유하는 부분이다. 그러나 상당한 정도로 공유된 특성들을 가지고 있는 것처럼 보이는 여성 집단에 대한 일반화 배후에는 실제 여성들이 겪는 다양한 변화들이 가려져 있다.

신고전경제학에서 여성과 가족과의 관계는 미리 전제되어 있다. 이 이론에서도 고용과 투자 결정에서 나타나는 성별 차이를 설명하기 위해서 가족 내에서의 여성의 위치와 책임에 대하여 고려한다. 그러나 가족에 대한 논의는 핵심적인 문제로 면밀하게 다루어지지 않으며 가족과 관련된 어떠한 요인들이 구체적으로 어떤 결과를 가져오는지에 대하여 설명하지 않는다. 가족관계는 여성일반에게 적용되는 보편적인 조건일 뿐이다. 개인들의 차이는 남녀 공통적인 의미를 가지고 있는 인적 자본의 차이로 귀결되어 설명된다. 한편 구조론자들도 성에 의한 구조적 분리로 차별성을 강조하기는 하지만 여성 내부의 이질성에 대하여서는 구체적으로 언급하지 않고 있다. 분리된 경쟁이 일어나는 영역에서 중요한 것은 분리된 구조이므로 같은 성(sex)집단 내에서는 오히려 완전 경쟁을 상정하고 있는 셈이다.

노동시장과 관련하여 가족과 연결되는 문제들을 구체적으로 다루고 있는 경험적 연구들은 이러한 거대한 이론들에 비하면 이론적으로 정립되어 있지 않은 작은 연구들이다. 이 연구들은 특정한 요소들을 단편적으로 강조하고 있는 경향이 있지만, 여성들이 가지는 독특한 경험을 드러내어준다는 점에서 가치 있다. 다음에서는 경험적 연구들을 중심으로 가족과 노동의 접합점(interface)에서 이해된 여성들의 다양한 경험들을 논의하고 여성들의 독특한 경험을 구체화할 수 있는 주요한 연구문제를 정립하고자 한다.

2.1 생애주기이론

여성들의 경제활동 참여는 생애주기에 따른 변화들에 따라 다르게 조건 지워져 있다. 여성에게 가족에 대한 일차적인 책임을 부여하는 기존의 사회통념으로 인해 결혼, 출산 등 가족 형성의 단계에 따라 나타나는 사건들은 여성들에게 지대한 영향을 끼친다. 따라서 생애단계의 차이는 같은 여성 내에서 이질적인 조건을 구성하는 중요한 요인 중 하나이다.

생애단계에 따른 변화가 주요한 관심의 대상으로 부상하게 된 배경에는 동태적인 변화를 추적하는 통계방법이 발달되었다는 사실이 있다. 생애주기이론에서 사용하는 방법인 사건사 분석(event history analysis)[5]은 연속적인 시간의 축에서 대상의 상태가 전환하는 변화 과정을 관찰하여 그 내용을 분석하는 중요한 방법이다(Allison

---

5) 사건사 분석방법의 구체적인 내용과 적용은 이 방법을 이용하여 취업주기에 대한 동태적 분석(제5장)을 하면서 다루기로 하고 여기서는 이론적인 맥락에 한정하여 사건사 방법을 소개하기로 한다.

1984). 여성들의 경우 경력이 불연속적인 경우가 많으므로 상태변화를 추적하는 연구는 특별히 중요한 의미를 가진다. 경력 자체가 시간에 따라 그 상태가 변화할 뿐만 아니라 경력변화에 원인이 되는 요인들도 시간에 따라 다른 상태에 있으므로(특히 생애주기) 동태적 변화를 추적하는 작업은 경력변화의 형태와 요인을 설명하는데 중요한 의미를 가지고 있다. 경력과 관계된 생애 사건으로는 결혼, 출산, 이혼과 같은 가구 구성상의 변화와 생애 과정에서 겪는 다양한 변화(평생 교육, 직업 훈련, 노동경험)를 들 수 있다.

여성들의 취업 경력을 사건사적으로 분석한 연구 결과는 최근 들어 많이 발표되었다. 기혼 여성들의 경제활동 참가를 설명하는데 개인의 생애주기는 중요한 요인으로 확인되고 있다. 결혼, 출산, 육아(특히 6세 미만 자녀의 유무)는 여성들의 경력변화에 중요한 효과를 가진다(Choi 1994). 남성과 달리 여성의 경제 활동 참여는 가족 형성의 단계와 밀접히 관련이 있고 여성의 경제활동 참여의 양상은 일반적으로 노동 활동에 부정적 영향을 미치는 생애 사건들을 중심으로 M형의 그래프를 나타낸다. 즉 결혼이나 출산으로 인해 노동 활동을 하기가 힘들 때 노동 시장에서 퇴장하였다가 자녀들이 일정 정도 자라면 다시 노동 시장에 진입하는 형태이다.

생애주기(life course)이론에서 핵심적인 명제들은 다음과 같이 정리해볼 수 있다. 첫째, 사회구조의 시간성, 그에 따른 역사성을 고려하는 것이다. 이 때 사회 구조들은 다양한 지속 기간(duration)을 갖는 상호 연관된 요소들로서 인식될 수 있다. 둘째, 생애주기는 단순히 개인적인 사건사가 아니라 사회적으로 유형화된 궤적(socially patterned trajectories)이다. 개인의 생애는 개인적 행동뿐만 아니라 조직 과정, 제도적 과정들과 상호작용한 산물인 까닭이다. 또한 개인의 생애사들은 시간의 축 상에서 전후로 영향을 주는 서로 연결된 사건들이다. 따라서 생애의 사건들은 개인적 발전, 공식 조직(학

교, 기업 등), 코호트, 인종집단, 지역성, 국가 등의 다양한 수준
(multilevel)에서 파악할 수 있으며 그 각각에서 개인이 생애 단계에
서 머문 시간을 고려하여 다양한 시점(multitime)에서 연구할 수 있
다. 셋째, 생애주기는 나이(aging)와는 다르다. 나이에 따른 하위문
화와 연령 규범은 생애주기에 최우선적인 결정인이 아닌 부차적인
것이다. 생애주기적 관점에 따르면 생물학적인 나이와 심리적인 발
전은 생애주기를 조건 지우는 독립적인 메커니즘이다. 연대기적 나
이보다 더 중요한 것은 어떠한 지위나 상황의 지속 정도(duration)
이다(Mayer & Tuma 1990).

2.2 노동 상황과 가족 상황

가족과 노동의 연결에 대한 관심은 사회경제적 변화의 반영이다.
노동과 가족의 문제를 동시에 해결해야 하는 문제는 과거에는 경제
적으로 낮은 계층들에 국한된 문제였으나 맞벌이 부부의 증가로 미
국사회 대다수의 문제로 부각되었다(Bielby 1992). 여성들의 경제활
동의 참가가 꾸준히 늘어나고 대학을 졸업한 많은 여성들이 취업을
희망하고 있는 한국사회에서도 이러한 변화는 예상된다.

여성들이 노동 혹은 가족과 맺는 관계성은 사회적 정형화(social
stereotyping)로 여성일반에 동일하게 적용되고 있지만 실제로 여성
들이 가지고 있는 관계성은 모두에게 균일하게 작용하지 않는다.
사회적 수준에서 가정에 대한 책임을 여성들에게 편중되게 부여하
고 있다는 사실은 여성들에게 전반적으로 작용하는 제약조건이지만
개인적인 수준에서 이러한 제약은 다르게 해석되고 극복될 여지가
있다. 가족상황과 노동 상황은 개인들에게 작동하는 두 가지 중요
한 구조적 맥락이다. 구조적 맥락에서 개인들이 맡은 역할과 의미

들을 면밀하게 살펴볼 필요가 있다. 상황적 요인들에 따라 개인들의 경험이 달라질 여지가 있기 때문이다. 더불어 가족과 노동시장에서 나타나는 상이한 여건들에 대하여 개개인은 주관적인 성향들에 따라 상황을 다르게 수용할 가능성이 있다는 사실을 염두에 둘 필요가 있다.

가족과 노동의 연결점에 대한 관심을 실제 연구에 반영한 것은 1960년대부터 현재까지 이르는 비교적 최근의 일이다. 경험적 연구경향은 매우 다양하여 어떤 하나로 요약하기 어렵지만 이전까지 분리되어 연구되어 오던 가족과 노동이라는 독립된 영역이 넓은 경제적 맥락에서 서로 밀접한 관련이 있다는 전제에서 출발하여 노동과 가족의 접합점에서 개인들의 행위를 설명하고자 하는 문제의식을 공유하고 있다(Voydanoff 1989: Bielby 1992). 또한 이들은 노동과 가족에 대한 기존의 연구들이 경제적 효과에 관심을 가졌던 것에 반하여 개인들의 주관적인 심리상태나 행위태도를 형성하는데 노동과 가족이라는 맥락이 어떻게 작용하는가를 설명하고자 한다는 점에서 관점을 달리 한다.

노동과 가족과의 연관관계에 대한 관심은 여성들의 경제활동 참여가 늘어난 1960년대에 시작되었다. 새로운 사회적 변화를 해석하고 그 영향을 가늠해보고자 하는 것이 대부분의 연구들에서 주제가 되었다. 초기의 관심사는 여성들의 고용이라는 변화된 상황이 가족, 특히 자녀들에게 미치는 영향이었다. 경험적인 자료를 통해 알게 된 결과는 여성의 고용 지위 자체가 가족과 아이들에게 직접적이고 일관된 영향을 거의 끼치지 않는다는 것이었다. 보다 중요한 요소는 자녀의 나이와 성, 노동 감독자의 질, 여성자신의 직업만족, 여성자신의 일에 대한 선택으로 가족과 노동의 구체적 특성들에 따라 여성들의 경험 그리고 가족에 대한 영향이 달라진다는 것이었다 (Hoffman 1979; Voydanoff 1989). 결국 피상적인 수준에서 고용 자체가 문제가 아니라 가족과 노동에서의 구체적인 상황들이 중요하다는 점이 다양한 연구결과들을 통해 입증된 셈이다.

초기에 행해졌던 경험적 연구들은 일정한 방향의 인과를 상정하고 가족과 노동의 문제를 다루었다. 한편에서는 노동 특성들이 가족에 미치는 영향을 분석하였고 다른 한편에서는 가족 특성들이 노동에 미치는 영향을 연구하였다. 따라서 당시의 연구들은 엄밀한 의미에서 본다면 가족과 노동을 동시에 다뤘다고 보기 힘들고 자신들의 주요 관심사에 따라 가족 혹은 노동에 편향된 관점을 가지고 연구를 진행한 셈이다. 가족에 관심 있는 연구자들은 노동 특성들 중 아주 기본적인 특성들인 고용여부, 고용의 형태(전일제 고용 혹은 파트타임)만을 고려하였을 뿐(Kelly and Voydanoff 1985; Orthenr and Pittman 1986), 업무의 종류, 노동조건의 유연성, 직업만족도 같은 요소들은 고려하지 않았다. 노동에 관심 있는 연구자들도 관심이 편향되어 있기는 마찬가지이다(Kanter 1977; Voydanoff 1987). 결혼 여부, 자녀 여부 정도만 고려할 뿐 결혼의 질(부부관계), 자녀 관계에서 생기는 기쁨이나 스트레스, 가정생활에서의 요구로부터 생기는 긴장 같은 구체적인 특징들은 분석모델에서 제외되어 있다. 결국 노동 상황이나 가족상황을 고려하는 요인들은 아직도 충분한 수준에서 고려되지 못하고 있다. 따라서 경험적 지식의 축적에 기반하여 현실적으로 작동하는 메커니즘을 고려하는 것이 필요하다(Kline and Cowan 1989; Voydanoff 1989).

'가족과 노동'이라는 주제를 다루는 경험적 연구들은 상황적 요인들을 중요한 분석대상으로 끌어올리는 공헌을 하였지만 몇 가지 점에서 제한적인 시각을 가지고 있다. 첫째, 가족과 노동에 대한 경험적 연구들은 실제로 취업을 하고 있는 노동자들만을 대상으로 그 영향력을 설명하고 있다. 취업을 한 후에 어떻게 적응 혹은 갈등을 하는가 하는 상황적 요인으로 가족과 노동시장이라는 맥락이 중요한 의미를 가지고 있다는 점은 인정할 수 있다. 그러나 여성들이 가족으로 인한 제약을 가장 심하게 겪고 있는 부분은 취업 자체를 결정하는 선택의 영역에서이다. 경제활동참가가 가능한지, 참여한다면 어떠한 형태로 참여를 할 것인가 하는 문제는 가족상황 요인들에 의해 크게 영향을 받는 부분이다. 이러한 선택에 대한 문제는 이들 연구에서 적절히 다루어지지 않고 있다. 둘째, 발견된 사실들이 단편적일 뿐만 아니라 만족이나 갈등과 같은 특정한 주관적 측면에서 다뤄지고 있기 때문에 이론적 의미나 일관성을 적절히 찾기가 어렵다. 연구결과들이 비일관적인 데에는 부분적으로는 노동시장에 대한 연구에서 중요성이 확인된 근속기간, 직업특성, 조직특성 등의 노동특징들을 본격적으로 다루지 않은 데에서 그 원인을 찾을 수 있다. 다만 노동특성들 중에는 노동에 대한 통제력이나 만족과 같은 특성들이 필요에 따라 부분적으로 고려되고 있어 연구결과가 전체적인 맥락에서 어떠한 의미를 가지고 있는지가 명확히 드러나지 않는다. 남성들뿐만 아니라 여성들에게 있어서도 노동역할 특성들이 중요한 영향력을 가지고 있다는 점이 연구결과들을 통해 발견되고 있는데 이러한 사실(Kline and Cowan 1989; Voydanoff 1989)은 직업특성들을 좀 더 면밀하게 고려하는 연구들에서 확인해볼 만한 시사점이라 하겠다.

제3장 연구 자료 및 분석 대상

1. 연구 자료

　본 연구에서 사용하는 기본적인 자료는 1997년 학술 진흥 재단의 외국석학공동연구의 후원하에 연세대학교 사회 발전 연구소와 시카고 대학이 함께 조사한 '동아시아 사람들의 직장 생활 조사'6)(이후 동아시아 자료라 명명하기로 한다)중 한국 자료이다. '동아시아자료'는 한국, 대만, 중국에서 같은 문항으로 구성된 설문지를 사용하여 동시에 조사를 함으로써 한국노동시장에 대한 체계적인 자료를 구축함과 동시에 비교연구에 활용될 수 있는 자료이다.

　동아시아 자료는 두 번에 걸쳐서 조사되었는데 1차 조사는 1996년 11월, 2차 조사는 1997년 6월에 행해졌다. 서베이 조사는 만 25세 이상 60세 이하의 성인 남녀를 대상으로 실시하였다. 제주도를 포함하여 전국을 22개로 층화하여 3,570명의 표본대상을 추출하여 실시되었다. 설문지에는 한국의 노동 시장의 특성을 보여줄 수 있는 인구학적 특성, 직업 특성, 노동 태도, 가정생활 등에 대한 구체적인 항목들이 포함되었다. 이러한 항목들은 여러 번의 국제회의를 통해서 면밀하게 검토된 후 설문지에 포함되었다.

　동아시아자료는 가중치를 주는 작업을 통해 대표성이 확보된 자료이다. 통계청의 '인구주택 총 조사 자료'를 기준으로 성, 연령, 직

---

6) 동아시아자료는 미국 시카고 대학의 NORC와 한국학술 진흥재단의 후원하에 실시된 서베이 조사를 통해 모집된 자료이다.

업, 고용 지위 등 노동 시장 자료 분석에서 중요한 변수들을 중심으로 모집단과 분포를 비교하였고 분포가 다른 범주들을 중심으로 성, 나이, 직업, 고용 지위를 복합적으로 고려할 수 있는 새로운 조합 변수를 만들어 가중치를 주는 작업을 실시하였다. 이 때 만들어진 변수들의 조합과 조정에 사용된 범주는 <표 1>에 제시된 것과 같다. 가중치를 준 후 얻어진 자료는 중요한 변수들에서 '인구주택 총 조사 자료'에 상응하는 분포를 보임으로써 한국의 노동 상황을 반영하는 대표적인 자료로서 받아들일 수 있다는 사실이 확인되었다. 가중치를 준 후 사용 가능한 표본의 수는 3,533개이다. <표 2>에서는 동아시아자료의 기본적인 특성을 알 수 있는 주요한 변수들의 분포를 제시하였다.

노동시장을 연구하는 기본 자료로서 동아시아 자료가 가지는 장점은 다음과 같다. 첫째, 노동 상황에 대하여 산업, 직업, 고용 지위, 근무 시간, 근무 안정성, 승진 가능성 등 세부 정보를 제공한다. 둘째, 노동 상황과 가정 상황에 관하여 노동자들이 겪는 주관적인 경험에 대한 정보를 가지고 있다. 일반적으로 사용되는 통계자료가 임금, 직급, 근속기간 등 외면적으로 관찰되는 특성들에 대한 정보만을 가지고 있는 반면에 서베이 조사 자료는 노동자들이 자신의 노동 상황에 대하여 가지고 있는 느낌, 노동태도, 부부관계, 성가치관, 가사노동의 분배 등 노동 상황과 가정 상황에 대한 자세한 정보를 담고 있다. 셋째, 개인의 경력이동에 대한 세세한 정보를 추적하여 동태적 변화에 관한 자료를 제공한다. 개인의 경력이동과정을 9번까지 추적하고 각각의 직업에 대하여 중요한 노동특성들을 반복적으로 측정하여 경력이동에 대한 자세한 정보를 제공한다.

<표 1> 가중치를 주기 위해 만든 조합 변수

	1	2	3	4	0
성(G)	남성	여성	–	–	–
연령(A)	20대	30대	기타	–	–
직업(J)	사무 (411-422)	서비스 (511-523)	기타	–	^
고용형태 (F)	자영-고용	자 영	피고용	가족종사	^

-: 비해당
^: 결측치(missing)

<표 2> 동아시아 자료의 기본적인 속성들: N=3533

변 수	사례수	%	변 수	사례수	%
나 이			고용 지위		
25-29	643	18.2	고용주	195	8.3
30-34	696	19.7	자영업자	503	21.4
35-39	789	22.3	비영리기구	11	.5
40-44	431	12.2	회사 및 개인 업체	1089	46.3
45-49	238	6.7	정부기관	143	6.1
50-54	359	10.2	공공기관 및 단체	157	6.7
55-60	378	10.7	가족종사	245	10.4
성 별			직업범주		
남 성	1791	50.7	공무원, 관리자	108	4.6
여 성	1743	49.3	전문가	194	8.3
교육수준(%)			기술공, 준전문가	337	14.4
중졸 이하	1015	28.7	사무직원	238	10.1
고 졸	1603	45.4	서비스-판매	500	21.3
전문대	231	6.5	농업, 어업	223	9.5
대졸 이상	682	19.3	기능원	337	14.4
결혼 여부			장치, 기계조립	230	9.8
기 혼	3061	86.6	단순노무	178	7.6
미 혼	471	13.3			

2. 분석 대상

본 연구에서는 노동시장에서 겪는 여성들의 독특한 노동경험을 드러내기 위하여 여성들이 할 수 있는 여러 가지 선택지들을 고려한다. 따라서 연구 자료에 대하여 일관되게 분석을 적용하기보다는 필요에 따라 자료를 선택하는 단계적인 작업을 거쳐 각 국면에서 작용하는 여성들의 선택과 적응 기제를 분석한다. 이러한 선택과정은 분석결과가 적용되는 범위를 한정 지우는 중요한 고려사항이 되므로 각 장별로 분석대상이 되는 자료를 설명하기로 한다.

4장과 5장은 성별 직업분리라는 구조적 문제를 경험적으로 검증하는 장이다. 먼저 4장에서는 현재 직업에서 나타나는 성별 격리의 구조와 가치차별에 대한 분석을 한다. 여성들이 노동시장에서 겪는 경험에 있어서 차이를 나타내는 의미 있는 지표가 직업이라고 할 때 직업을 어느 수준에서 고려하는가 하는 문제는 중요한 준거점이 된다. 직업의 세분류(3-digit)는 현재 사용하는 범주 중 가장 자세하게 직업적 특색을 드러내는 분류이다. 그런데 세분류를 분석에 사용하기 위해서는 분류된 직업범주에 충분한 사례수가 확보되는 조건이 충족되어야 한다. 특히 이러한 표본수의 문제는 이 장에서 사용하게 되는 위계선형분석(hierarchical linear model)방법7)을 적용할 수 있기 위해서 선결 되어야 할 조건이다.

본 연구에서 사용하기로 한 동아시아 자료는 직업에 대한 위계선형 분석 자료로 사용하기에는 절대적인 사례수가 부족하다. 따라서 통계청에서 조사한 '임금구조 기본통계 조사보고서(1996)(이후 임금자료라 명명하기로 한다)' 원 테이프를 이 장에서는 기본 자료로 사

---

7) 위계선형모형의 분석모형에 대한 자세한 논의는 4장 참조.

용하기로 한다. 임금자료는 한국의 임금격차에 대한 많은 연구들에서 공통적으로 사용되어온 국가규모의 대표적인 자료이다. 이 자료는 상용근로자 10인 이상 전사업체에 대하여 고용 규모별로 5개의 층－1규모(10-29인), 2규모(30-99인), 3규모(100-299인), 4규모(300-499인), 5규모(500인 이상)－로 층화하고 이를 다시 산업대분류별로 층화하여 포집한 것이다. 임금자료를 이용하여 성별 분리지수를 계산하여 현재의 직업 분포의 구조적 격리정도를 알아보고 위계선형분석에서는 직업 내 차이를 나타내는 1차원 자료로 34,553명의 임금자료표본을, 직업 간 차이를 설명하는 2차원 자료로서 동아시아 자료를 조합하여 사용하기로 한다.

5장 이후의 분석은 동아시아 자료를 기본 자료로 사용하고 분석 내용에 따라 일정범위의 자료를 선택한다. 5장은 경력이동과정에서 나타나는 성별직업분리구조의 유형과 취업주기의 동태적 변화를 분석한 것이다. 1절에서 분석된 경력이동유형은 일반적으로 지속적으로 경제활동을 하는 사람들의 이동경향을 알아보고자 하는 것이므로 이동의 경험이 있는 사람으로서 최근 직업에서 현재 직업까지 공백기간이 5년 이내에 해당하여 지속적으로 경제활동을 하고 있다고 판단되는 1297명에 분석대상을 한정하여 직업, 규모, 고용 지위, 직급 이동유형을 분석한다. 단, 직급 이동은 피고용인에 한하여 의미를 갖는 위계상의 이동이므로 714명의 피고용인에 한하여 분석한다. 하지만 이러한 이동유형에 대한 분석은 유형의 변화만을 포착할 뿐 직업의 지속기간에 대한 고려를 하지 않고 있으며 일회적인 노동경험을 제외하고 있다는 점에서 단기적이고 간헐적일 수 있는 여성들의 동태적인 노동경험을 충분히 반영하지 못할 가능성이 있다. 따라서 2절에서는 노동자들의 다양한 취업주기에 대하여 사건사 분석(event history analysis)방법을 이용하여 동태적 변화과정을 추적함으로써 이러한 점을 보완하고 있다. 취업주기에 대한 동태적 분석에서 사용된 자료는 한번 이상의 취업경험이 있는 사례 3201명이다.

4장과 5장의 분석이 경제활동을 하는 남녀 노동자들에게 작용하는 노동시장의 전반적인 특색을 살펴본 것이라면 6장과 7장의 분석은 결혼이라는 생애단계의 변화와 관련된 여러 가지 조건들을 밀도 있게 다루기 위해 기혼 노동자들에게 초점을 맞춘 연구이다. 현재 여성들에게 작용하는 노동시장의 차별이 결혼으로 인한 여러 가지 변화를 예상한 결과로 생긴 것이라면 실제로 기혼 여성노동자들에게 작용하는 가족과 관련된 요인들의 효과를 확인해 보는 것은 여성노동자들 전반의 문제를 이해하는데 중요한 함의를 가진다.

6장에서는 기혼여성노동자들이 어떤 요인에 의해서 노동시장에 참여여부를 결정하는지 또 참여한다면 어떠한 고용 지위를 선택하는지에 대해 가족, 특히 부부단위의 관계성을 중심으로 참여양태의 특징을 분석한다. 분석대상은 기혼여성 중 고용 지위, 남편의 수입, 주관적인. 가치관 등 분석에 필요한 정보를 가지고 있는 1211명이다. 7장은 노동태도에 영향을 미치는 요인들의 성별 차이를 검증하기 위하여 노동 상황과 가족상황이 유기적으로 관련을 맺고 있다고 생각되는 피고용의 형태로 상용(full-time) 근무하는 기혼 남녀 노동자 1007명(남성 760명, 여성 247명)에 대하여 직업만족, 노동몰입, 조직몰입에 대하여 다양한 요인들의 효과를 다변량 분석한 것이다. 특별히 피고용이라는 고용 지위를 가지고 있는 자료에 범위를 한정한 것은 동아시아 자료에는 피고용의 형태로 근무하는 노동자들에 한하여 업무특성에 대한 자세한 정보를 가지고 있기 때문이다. 노동 상황과 가족상황에 대한 자세한 정보를 활용하여 노동태도에 영향을 미치는 기제에 대하여 나타나는 성별차이를 조명한다.

제4장 성별 직업 분리구조

현재 한국 노동시장에서 나타나는 직업구조는 성별로 나타나는 기회구조의 불평등의 핵심적인 요소가 된다. 성별 분리가 분석적으로 중요한 의미를 가지는 것은 할당차별(allocative discrimination)에 의한 성별 격리현상이 여성들의 노동 시장 참여와 관련된 기회구조를 다르게 할 뿐만 아니라 가치차별(valuative discrimination)의 문제(Petersen and Morgan 1995)와도 연결되어 노동조건을 다르게 하기 때문이다.

성에 따른 노동시장의 불평등구조가 실재하는지 그리고 분리된 구조에 따라 다른 평가체계가 존재하는지에 대하여 경험적으로 확인하기 위하여 성별 격리지수와 직업에 대한 위계선형분석을 한다. 먼저 성별격리지수는 직업의 분포가 성별로 얼마나 다르게 분포하고 있는지를 재는 지표로서 구조적 할당의 정도를 측정한다. 그리고 위계선형분석은 '직업 간 차이', '직업 내 차이'를 고려하여 직업에 따른 가치적 차별의 존재를 확인하고 어떠한 요인들에 의해서 직업에 대한 평가가 달라지는지를 구체적으로 분석한다. 직업의 어떠한 내용이 차이를 유발하는 효과를 가지는 요인인가를 확인하는 작업은 성별 분리현상을 확인함과 동시에 분리의 내용을 인식함으로써 여성들의 노동경험을 구체적으로 이해하는 통로가 된다.

1. 성별 할당구조

노동시장에서 성별로 할당된 직업 분포 구조를 확인하는 방법으로는 격리지수(index of segregation or index of dissimilarity)를 이용하여 직업 분리의 정도를 측정하는 방법과 직업의 성(sex)비율을 통해 각 직업에 여성 혹은 남성 취업자가 얼마나 집중하는가를 측정하여 성의 상대적 집중정도를 재는 방법 두 가지가 있다. 전자는 여성과 남성이 각각의 직업에서 완전히 균형을 이루도록 분포되기 위해서 여성 혹은 남성 중에 직업을 옮겨야 하는 사람들의 비율을 계산함으로써 직업이 성별로 편중된 정도를 확인하여 주는 것이고 후자는 직업 내에 여성 혹은 남성이 집중되어 있는 정도를 측정함으로써 성에 따라 다르게 주어지는 업무의 성격을 간접적으로 유추할 수 있는 지표로 활용될 수 있는 값이다.

일반적으로 성별 분리를 나타내는 지표로서 많이 쓰이는 것은 격리 지수(IS: index of segregation)이다. 격리지수를 계산하는 공식은 다음과 같다(Reskin and Roos 1990: 25).

$$IS = (\Sigma \, | \, X_i - Y_i \, | \,)/2 * 100$$

X_i = 전체여성 중 i번째 직업범주에 속한 여성의 비율
Y_i = 전체남성 중 i번째 직업범주에 속한 남성의 비율

격리지수의 값은 0과 100 사이의 값을 가지게 되는데 0은 남녀가 각각의 직업범주에 완전히 고루 분포되어 있는 시장상황을 의미하고 100은 남녀가 서로 다른 직업범주들로 완전히 격리되는 경우를 의미한다. 격리지수는 각 직업들의 크기, 특정 직업에서의 성비, 직

업분류의 단위-대분류, 중분류, 세분류 등 분류의 세밀한 정도-에 따라 다른 값을 가질 수 있다.

임금자료에 사용된 직업 분류체계는 1992년에 개정된 것이다. 연도에 따라 직업분류체계가 다르고 다른 나라와도 분류체계가 다르기 때문에 엄밀한 의미에서 시간적 추세나 국가간 비교는 어렵다. 다만 개정 이전의 분류 체계로 우리나라 직업의 성별 분리 추세를 분석한 한 연구에 의하면 1980년에서 1989년 사이에 성별 격리 지수는 낮아진 것이 아니라 오히려 높아졌다(이옥지 1996).

격리지수는 분석단위에 민감하게 변화하므로 분석단위를 선택하는 문제는 중요하다. 보다 정확하게 격리지수를 계산하기 위해서는 가장 자세한 분류체계인 직업 세분류를 사용하는 것이 좋다. 직업의 범주가 넓으면 이질적인 직업이 한 범주에 속하므로 직업의 성격을 적절히 대표하지 못한다. 임금 자료의 경우 중분류를 사용할 경우는 성별 분리지수가 44.7%이고 세분류를 사용할 경우는 54.32%로 계산되었다. 분석 결과를 해석해볼 때 직업 간 격리 문제가 해결되기 위해서는 세분류를 기준으로 볼 때 약 54%의 여성 혹은 남성이 직업을 이동해야 한다.

성별격리 지수가 높은 직업들과 성 비율이 높은 직업들이 반드시 일치하지는 않는다. 격리지수는 여성 혹은 남성 내에서 그 직업에 속한 비율의 차이를 기초로 분석된 것인데 반해 성 비율은 그 직업 내에서 여성의 집중 정도를 분석한 값이다. 전자가 여성 혹은 남성이 직업 간에 격리된 정도를 보여준다면 후자는 직업별로 남녀의 집중정도를 보다 직접적으로 나타내준다.

5대 여성 집중 직업을 살펴보면 흔히 여성직이라고 언급되는 직업들로서 간호사를 제외하고는 전문적 기술이 필요하지 않은 단순하고 반복적인 직업들이 주를 이루고 있다. 반면에 5대 남성 집중 직업을 살펴보면 성 비율로 볼 때 여성이 하나도 없거나 거의 없는 남성직에는 기관장 및 최고 경영자, 기타 부서 관리자와 같이 직급 위계상 상위직에 속하는 직업들과 광원, 발파원, 석공재 부설원 및 조각원, 운전기사 및 이동 장치 조작원 등 근육노동을 필요로 하는 직업들이 포함되어 있다.

한편 5대 성별 격리 직업을 보면 여성 집중 직업과 남성 집중 직업이 혼재된 양상을 보인다. 성별 분리는 단순히 남성과 여성이 얼마나 다른 직업을 가지고 있는지를 따지는 것이기 때문에 업무상의 차이를 드러내는 것이라기보다는 공간적인 분리를 드러내는 것이다. 따라서 격리지수는 성별로 직업이 실제로 얼마나 분리되어 있는지를 나타내는 좋은 지표이지만 여성이 집중되어 있다는 사실 자체가 업무의 질과 직업에 대한 평가를 다르게 한다는 사실을 반영하는 지표로서는 적당하지 않다. 노동시장에서 개인들이 받는 보상에서의 차이를 설명하는데 성별 격리 지수보다 성 비율이 직접적으로 효과를 가지는 지표라는 사실 자체가 물리적 공간의 분리 자체보다는 성에 따라 다른 평가가 적용되는 것이 문제가 된다는 것을 시사하고 있다.

<표 3> 성별 격리 지수와 성별 비율이 집중된 5대 직업들

5대 성별 격리 직업	직업별 격리지수	5대 여성 집중 직업	여성비율
조립원	4.15	간호 및 조산전문가	.99
건축가, 기술자 및 전문가	3.81	개인 보호 및 관련근로자	.83
자동차 운전원	2.78	비서, 타자원 및 관련 사무원	.80
대금수납원, 금전출납부 및 관련사무원	2.37	섬유, 의복 및 관련 기능근로자	.79
간호 및 조산 전문가	2.20	가사 및 조력원, 청소원 및 세탁원	.78

2. 직업에 대한 가치차별

직업에 따른 구조적 배치가 노동시장의 중요한 구조적 조건이라고 할 때 할당적 위치는 직업의 기회구조를 다르게 할뿐만 아니라 가치차별을 유발하는 조건으로서 의미를 가진다. 직업에 대한 경제적 평가에 있어서 개별적인 특성들과 직업의 구조적 특성이 어떠한 관련을 가지며 각기 어떠한 효과를 가지는가 하는 문제는 새로운 방법론인 위계선형분석(혹은 다층 자료 분석: hierarchical linear model or multilevel analysis: HLM)을 사용함으로써 적절히 다루어질 수 있다. 이 때 인구학직 특싱, 인직 자본 등의 개인직 특성들은 1차원을 구성하고 직업특성들은 2차원을 구성한다. 이 장에서는 세분류된 직업(3-digit)[8]을 2차원이 되는 구조로서 선택한다.

실제 사회 현상에서 개인적 요소와 구조적 요소들은 서로 영향을 주고받는 동시적 효과를 가질 것이다. 이제까지의 연구에서는 구조적 특성은 주로 가변수화 하여 집단 간 차이를 분석하는데 제한되었고 개인적 수준의 변수와 동일하게 방정식에 포함됨으로써 분석 결과 해석에 있어서 생태학적 오류(ecological fallacy)의 위험이 있었다. 인적 자본을 나타내거나 인구학적 특성을 나타내는 개인적 특성들은 부가적(additive) 효과의 면에서 주로 검토되었다. 또한 중요한 분석 범주로 택한 구조가 어떠한 특성을 가지고 있는지에 대한 설명이 자세하게 제시되지 않았다.

성별 분리에 대한 구조적 설명 논리에는 직업 혹은 산업의 구조와 관련하여 개인 수준에서는 설명할 수 없는 다른 차원의 설명이 필요하다는 점이 강조되고 있다. 보상 체계를 형성하는 이면에는

---

8) 세분류된 직업범주는 74개이다. 이 중 분석을 위한 충분한 사례수를 가지고 있는 직업범주 48개만이 실제 위계선형분석에서 사용되었다.

직업이나 산업의 다양성들이 중요한 조건을 형성한다.

위계선형분석에서는 직업이라는 맥락(context)에 따른 '직업 간 차이', '직업 내의 개인 차이'를 구분하여 설명한다. 노동 시장에서 개인들은 파편화 되어 흩어져 있는 것이 아니라 고용 지위, 직업에 따라 일정한 층위를 이루고 있다. 같은 직업 내의 개인들은 직업이라는 환경을 공유하고 있다. HLM을 사용하면 개인적 변수들뿐만 아니라 구조적 변수들을 하나의 방정식에 넣을 수 있기 때문에 직업에 따라 개인적 특성들이 어떻게 다르게 보상받는지 그리고 직업 간에 차이가 나타나는 구체적 내용은 무엇인지를 각 층위에서 분석할 수 있다.

다음에서는 여러 가지 위계선형분석 모델 중에서 가장 기본이 되는 무작위효과 아노바 모형(random-effects ANOVA model)을 고려한 후에 직업이라는 범주에 따른 차이를 가정하는 이론적으로 의미 있는 두 가지 모델−무작위 회귀계수 모형과 절편−기울기 모형−을 분석함으로써 개인특성들과 직업특성들이 동시에 작용하는 효과를 살펴보기로 한다. 분석을 통해 직업이라는 구조적 효과가 개인들에 대한 평가차이를 설명하는데 어느 정도 의미 있는 맥락인지를 확인하고 구조적 효과의 내용을 구체적으로 이해하기로 한다.

2.1 분석모형

직업에 대한 정확하고 구체적인 정보를 가지고 있는 자료를 찾기는 쉽지 않다. 직업이라는 구조적 특성을 다루는 경험적 연구를 하기 위해서는 자료의 제약문제를 인식하고 상황 내에서 적절한 변수를 조작(operationalization)할 필요가 있다. 첫째, 성별 분리는 가시적으로 드러나는 직업(occupation)형태가 아니라 조직 내에서 업무

(job)형태로 보다 교묘하게 일어나는 경우가 많다(Bielby and Baron 1984; Rosenfeld & Spenner 1992). 겉으로는 여성적인 것이 아닌 것처럼 보이는 직업도 실제로 여성적인 업무를 하는 경우가 많다. 그러나 우리가 연구에 사용할 수 있는 대부분의 자료들은 업무에 대한 구체적인 정보를 포함하지 않고 직업범주에 대한 정보만을 가지고 있다. 한정된 자료를 가지고 성별 분리의 효과를 판단하기 위해 직업의 성별 비율에 대한 정보는 업무의 성격을 간접적으로 시사하는 정보로서 유용하다. 높은 여성 비율을 나타내는 직업에서는 대체로 여성적인 업무가 주가 되기 때문이다(Rosenfeld & Spenner 1992).

둘째, 성별 분리현상을 측정하는 데에는 분석에 사용될 자료가 어떻게 분류되어 있는지가 큰 영향을 미친다. 자료 내에 산업 혹은 직업에 대한 세분류(3-digit) 정보를 포함하고 있는 경우는 많지 않다. 분리현상의 시간에 따른 변화를 적절히 측정하기 위해서는 일관되고 세분화된 분류 자료가 필요하다. 우리나라의 경우는 1992년 이후에 분류의 체계가 변했기 때문에 장기적인 추세를 일관된 지표에 의해 추정하기가 어렵다.

셋째, 노동시장에서 받는 보상의 개인차는 다차원적인 원인에 의한 것이다. 그것은 인구학적 특성, 인적자본과 같은 개인적 요소에서 비롯된 차이이거나 개인이 속한 조직, 직업, 혹은 산업이라는 범주 특성에서 비롯된 차이이다. 그러나 많은 연구가 개인적 차원에 집중된 분석을 할 수밖에 없었던 이유 중 하나는 조직, 직업, 혹은 산업에 대한 풍부한 정보를 가진 자료를 접하기 어려울 뿐만 아니라 다차원적인 변수들을 하나의 방정식에 포함시켜 분석할 적합한 방법론을 모색할 수 없었기 때문이다.

이 장에서의 연구는 방법론적으로는 위계선형분석을 이용하여 개인적 차원과 구조적 차원의 문제를 함께 고려하고 자료상의 문제는

‘임금자료’, ‘동아시아자료’를 조합하여 필요한 자료를 재구성함으로써 분석을 위한 필요조건을 갖추는데서 출발한다. 첫째, 위계선형분석은 개인특성으로 구성된 1차원 자료와 구조적 특성으로 구성된 2차원 자료에 대하여 분석하는 다차원 분석이다. 이 때 구조적 범주에 일정 정도의 사례수를 확보하는 것이 분석을 위한 기초적인 조건이 된다. 이 연구에서 사용될 구조적 범주는 세분류된 직업이므로 74개의 범주가 2차원을 구성하는 셈이다. 다양한 직업범주에 대하여 충분한 사례수를 확보하기 위해서 보다 규모가 큰 ‘임금자료’를 기본 자료로 사용하기로 한다. 두 자료 간에 일치하지 않는 직업범주에 대한 자료는 제외되었고 최종적으로 분석에 사용된 사례수는 34,553개이다. 둘째, 직업 특성에 대한 세세한 정보를 활용하기 위해서 ‘동아시아자료’로 2차원 변수를 구성한다. 우리나라에서는 직업특성에 관한 정보를 얻기가 쉽지 않기 때문에 직업 특성에 관한 구체적인 연구가 어려웠다. 우리나라에서는 직업에 대한 자세한 정보를 담고 있는 서구의 DOT(Dictionary of Occupational Titles)에 상응하는 직업 특성 자료가 부재한 실정이다. 대안적인 방편으로 ‘동아시아자료’에서 개인들이 주관적으로 평가한 자신들의 직업의 구조적 특성에 대한 자료를 바탕으로 기술(경력)정도, 업무순환성, 근무시간의 유동성, 그리고 작업환경 변수를 추출하고 ‘임금자료’에 기초하여 직업의 여성비율을 직업에 관한 정보로서 활용하기로 한다. 직업 특성들로 사용된 변수들의 평균적인 특성과 조작적 정의는 <표 5>에 제시된 바와 같다.

<표 4> 1차원 변수의 특성과 변수 정의

변 수	정 의	비율(%) 및 평균	사 례 수
성	남(기준)	73.6%	25417
	여	26.4%	9136
근속기간	근속기간(0-40)	5.51%	34553
교육수준	중졸 이하(기준)	19.5%	6730
	고 졸	49.6%	17151
	대 졸	30.9%	10672
결 혼	미 혼(기준)	35.9%	12416
	기 혼	64.1%	22137
기업크기	소규모(300 미만: 기준)	35.3%	12213
	대규모(300 이상)	64.7%	22340
직 급	비직급 및 계장 이하	91.5%	31619
	과장 이상	8.5%	2934

<표 5> 2차원 수준(직업)의 변수의 정의와 평균 특성

변 수	정 의	평 균 값	사 례 수
기술 정도	업무에의 경력 필요정도(5점 척도)*	1.48	34553
업무순환	새로운 것을 배우게 하는 정도(4점 척도)**	2.52	34553
시간유동성	근무시간의 유동성(4점 척도)**	2.06	34553
작업환경	건강에 해로운 정도(4점 척도)***	2.81	34553
여성비율	직업 내 여성의 백분율	.27	34553

*   1) 1년 미만 2) 1-5년 미만 3) 5-10년 미만 4) 10-20년 미만 5) 20년 미만
** 1) 전혀 그렇지 않다 2) 그렇지 않다 3) 그렇다 4) 매우 그렇다
***1) 매우 해롭다 2) 해롭다 3) 해롭지 않다 4) 전혀 해롭지 않다

2.2 무작위효과 아노바 모형

무작위효과 아노바 모형(random-effects ANOVA model)은 가장 기본적인 위계선형모형으로 직업수준에서 차이를 나타내는 무작위 효과들(random effects)을 가정한다는 점을 제외한다면 ANOVA와 동일하다. 이 모델은 1차원 수준인 개인수준에서나 2차원 수준인 직업수준에서 모두 체계적인 차이를 가정하지 않기 때문에 예측변수들(predictors)을 사용하지 않는 단순한 모형이다. 이를 식으로 표현하면 다음과 같이 완전히 비조건적인 모델(fully unconditional model)이 된다;

Level 1: $Y_{ij} = \beta_{0j} + \xi_{ij}, \ \xi_{ij} \sim N\,(0, \sigma^2)$

Level 2: $\beta_{0j} = \gamma_{00} + u_{0j}, \ u_{0j} \sim N\,(0, \tau_{00})$

식에서 직업 j를 가진 노동자들의 임금(시간당임금의 자연대수값)은 직업들의 평균임금(β_{0j})에 노동자들의 개별적인 특성들에 따른 차이(ξ_{ij})를 합한 것으로 1차원 식에서 표현되었다. 2차원수준에서는 직업들의 평균임금(β_{0j})은 전체모집단의 평균임금(γ_{00})과 직업 j와 관련된 무작위효과(u_{0j})들의 함수로 표현되었다.

무작위효과 아노바 모형 분석결과를 통해서 노동자들이 받는 임금에서의 차이들이 직업에 따라서 다르게 나타나는 비율을 개인수준의 분산(ξ_{ij})과 직업수준의 분산(u_{0j})의 크기를 비교하는 계급상관계수(intraclass correlation: ICC)로써 알 수 있다.

$$ICC = \tau_{00}/(\tau_{00} + \sigma^2) = .10763/(.10763 + .13099) = .4511$$

이때 계급상관계수는 직업들 간에 나타나는 임금에서의 분산비율을 의미한다. 분석결과로 볼 때 임금분산에서 45.11%가 직업들 간에 나타나고 있다는 사실을 확인할 수 있다. 따라서 임금수준에서의 차이의 상당한 부분이 직업들 간의 차이에서 나타나고 있고 직업이라는 2차원을 고려하는 위계선형모델에 의해 임금수준을 설명하는 것이 유의미한 분석방법이라는 판단을 내릴 수 있다.

2.3 직업의 무작위 회귀계수 모형

무작위회귀계수 모형(random-coefficient regression model)은 직업들 간에 니티니는 차이가 개인적 속성들에 따른 기울기이 차이로 나타난다고 가정하고 직업에 대한 분석을 시도하는 모형이다. 1차원 수준에서 선택된 변수들은 교육수준 간의 차이와 근속기간을 포함한 인적 자본 변수들을 비롯하여 혼인 여부와 같은 인구학적 특성들, 그리고 회사규모와 직급을 포함한 조직 변수들로 기존 노동시장이론들에서 개인 혹은 조직들 간 차이를 나타내는 주요한 요인들로 지적되는 변수들이다.

무작위회귀계수 모형에서 사용되는 변수들을 두 차원으로 표현해 보면 다음 <식>과 같다. 1차원 수준에서는 1개의 절편과 6개의 기울기로 개인수준에서 나타나는 임금의 차이를 설명하였고 2차원 수준에서는 예측 변수들(predictors)을 사용하지 않고 평균적인 특성들로 직업들 간에 나타나는 차이를 설명하였다. 여러 번의 모델 탐색의 결과 직업의 특성들을 고려하는 것이 잔여 분산에 대한 설명력을 크게 높이지 않는 결혼과 근속기간은 고정된 값을 갖는 것으로 간주하기로 한다.

64

Level 1 Model:

$$Y_{ij} = \beta_{0j} + \beta_{1j}(\text{고졸}) + \beta_{2j}(\text{대졸}) + \beta_{3j}(\text{근속기간}) + \beta_{4j}(\text{결혼}) + \beta_{5j}(\text{대기업}) + \beta_{6j}(\text{직급}) + \xi_{ij}, \quad \xi_{ij} \sim N(0, \sigma^2)$$

Level 2 Model:

$$\beta_{0j} = \gamma_{00} + u_{0j}$$
$$\beta_{1j} = \gamma_{10} + u_{1j}$$
$$\beta_{2j} = \gamma_{20} + u_{2j}$$
$$\beta_{3j} = \gamma_{30}$$
$$\beta_{4j} = \gamma_{40}$$
$$\beta_{5j} = \gamma_{50} + u_{5j}$$
$$\beta_{6j} = \gamma_{60} + u_{6j}$$

j: 직업(2차원 범주)

ξ_{ij}: 1차원 수준에서의 잔여분의 임금분산

Y_{ij}: 시간당 임금의 자연대수 값

β_{ij}: 1차원 회귀계수들

β_{0j}: 중소기업에 다니는 계장이하 중졸 미혼 노동자들의 직업별 시간당 임금(ln)

β_{1j}: 직업별 고졸학력의 중졸학력에 대한 차이

β_{2j}: 직업별 대졸학력의 중졸학력에 대한 차이

β_{3j}: 직업별 근속기간에 따른 수익률

β_{4j}: 직업별 기혼자들의 미혼자들에 대한 차이

β_{5j}: 직업별 대기업노동자들의 중소기업노동자들에 대한 차이

β_{6j}: 직업별 과장이상 직급자들의 낮은 직급자들에 대한 차이

γ_{ij}: 2차원 회귀계수들(적용된 의미는 표 7, 표 8 참조)

u_{ij}: 직업 j와 연관된 잔여분의 임금분산(random effect)

<표 6> 직업이 시간당 임금[##]에 미치는 영향에 관한 위계선형분석:
무작위 회귀계수모형

설명 변수	회귀 계수			
절편(γ_{00})	8.054**			
고졸 학력으로 인한 차이(중졸 기준)(γ_{10})	.102**			
대졸 학력으로 인한 차이(γ_{20})	.281**			
#근속기간에 대한 수익률(γ_{30})	.026**			
#결혼에 따른 차이(γ_{40})	.174**			
대기업(300인 이상)의 차이(γ_{50})	.034**			
직급으로 인한 차이(γ_{60})	.232**			
설명력	분 산	자유도	카이자승값	p
직업의 평균임금수준	.0756	47	3639.61	.00
고졸 학력으로 인한 차이	.0106	47	353.33	.00
대졸 학력으로 인한 차이	.0384	47	227.01	.00
대기업의 차이	.0071	47	360.25	.00
직급으로 인한 차이	.0145	47	239.46	.00
노동자수준의 효과(ξ_{ij})	.0816			

* p<.05 ** p<.01
\# fixed
\#\# 시간당 임금에 대한 자연대수값

<표 6>은 직업들 간의 변이에서는 체계적인 변이를 상정하지 않는 무작위 회귀계수모형에 따라 분석한 결과를 보고하고 있다. 일반적인 다변량 분석에서와 마찬가지로 회귀계수의 값들은 다른 독립변수들의 효과들을 통제하였을 때 각각의 변수들이 추정하고 있는 순수한 효과를 나타낸다. 절편(β_{0j})은 모든 독립변수들의 값이 0일 때 추정된 값이므로 중소기업에 다니며 계장이하의 낮은 직급에 속한 중졸 미혼의 노동자들의 직업별 임금 수준(시간당 임금의 자연대수값)을 의미하는데 이들의 직업 평균임금수준(γ_{00})은 8.05이다. 또 학력에 따른 임금의 차이는 중졸 집단을 기준으로 하여 추정되었는데 모든 집단에 대하여 유의미하게 나타나고 있다. 직업평균

고졸 학력 집단의 임금 차이는 .102이고 직업평균 대졸 학력으로 인한 차이는 .281이다. 또 결혼을 한 사람들이 17.4% 정도 직업 평균임금을 더 받고 있다. 조직 변수들의 효과도 유의미하게 나타났는데 300인 이상의 대기업에 다니는 사람들이 3.4% 직업평균임금을 더 받고 과장이상의 직급을 가진 사람들이 23.2% 직업평균임금을 더 받는 것으로 나타났다. 분석에 사용된 모든 변수들은 그 효과가 통계적으로 유의미하였고 신뢰도(reliability)도 높았다.

또 개인 수준과 직업 수준에서의 무작위 효과의 분산을 살펴보면 개인적 특성들과 조직 변수들을 고려하여 설명된 후 설명되지 않은 개인수준의 분산(σ^2)은 .0816이었다. 이를 앞서 분석한 무작위효과 아노바 모형($\sigma^2 = .13099$)과 비교해보면 분석에 포함된 개인수준의 변수들을 고려함으로써 설명력이 37.67% 증가했다는 사실을 알 수 있다. 또 임금효과들의 카이자승값이 충분히 크므로 직업들 간에 차이가 존재하지 않는다는 영가설을 기각할 수 있다.

2.4 절편−기울기 모형

다양한 회귀식이 추정되는 것이 가능하다는 것을 확인한 후에 드는 의문은 직업들 간에 '왜 직업들 간에 차이가 존재 하는가' 하는 것이다. 어떤 직업들은 평균적으로 임금이 높으며 직업에 따라 개인 특성들이 다른 효과들을 가지는 이유는 무엇인가. 절편−기울기 모형은 앞서 분석한 무작위 회귀계수 모형에서 한 걸음 더 나아가 개별적인 특성들 외에도 직업들 간의 특성들에 의해서 체계적인 차이가 존재할 가능성에 대하여 검토한다. 실제로 직업 간에 체계적인 차이가 존재한다면 절편−기울기 모형을 통해서 그 구체적인 양상을 확인할 수 있다.

직업특성들을 설명하는 변수들은 앞서 분석모형에서 설명한 대로 '동아시아자료'를 이용하여 재구성되었다. 분석에 선택된 변수들은 업무기술, 업무순환성, 시간유동성, 작업유해성, 여성의 비율의 다섯 가지 변수들이다. 무작위 회귀계수 모형과 다른 점은 1차원 수준뿐만 아니라 2차원 수준에서도 예측변수들(predictors)을 고려하고 있다는 점이다. 개인특성들로 구성된 1차원 변수들과 직업 특성들로 구성된 2차원 변수들을 조합하여 추정된 모델은 다음과 같다;

Level 1 Model:

$$y_{ij} = \beta_{0j} + \beta_{1j}(고졸) + \beta_{2j}(대졸) + \beta_{3j}(근속기간) + \beta_{4j}(결혼) + \beta_{5j}(대기업) + \beta_{6j}(직급) + \xi_{ij}$$

Level 2 Model:

$$\beta_{0j} = \gamma_{00} + \gamma_{01}(기술)_j + \gamma_{02}(업무순환성)_j + \gamma_{03}(작업유해성)_j + \gamma_{04}(여성비율)_j + u_{0j}$$

$$\beta_{1j} = \gamma_{10} + \gamma_{11}(기술)_j + \gamma_{12}(업무순환성)_j + \gamma_{13}(시간유동성)_j + \gamma_{14}(여성비율)_j + u_{1j}$$

$$\beta_{2j} = \gamma_{20} + \gamma_{21}(기술)_j + \gamma_{22}(업무순환성)_j + \gamma_{23}(작업유해성)_j + \gamma_{24}(여성비율)_j + u_{2j}$$

$$\beta_{3j} = \gamma_{30}$$

$$\beta_{4j} = \gamma_{40}$$

$$\beta_{5j} = \gamma_{50} + u_{5j}$$

$$\beta_{6j} = \gamma_{60} + u_{6j}$$

<표 7>은 절편－기울기 모형(intercept and slopes as outcome model)에 의해 분석된 결과를 정리한 것이다. 첫째, 직업별 절편(β_{0j})은 중소기업에 다니며 계장이하의 낮은 직급을 가지고 있는 중졸 미혼 노동자들의 직업별 임금수준을 의미하는데 직업특성들은 이들의 임금에

유의미하게 다른 영향을 미치고 있다. 다양한 직업 특성들을 통제하였을 때 기술정도가 높거나 업무순환성이 높은 직업일수록 이들의 직업별 임금이 높다. 또 직업의 여성 비율은 임금수준에 부정적인 영향력을 가지고 있어서 여성비가 높을수록 다시 말하면 여성업무일수록 이들의 임금은 낮아지는 효과를 보이고 있다.

둘째, 직업의 특성들이 교육수준에 따른 차이에 미치는 영향력을 살펴보면 교육수준이라는 개인적인 특성이 직업에 따라 다르게 영향을 미치는 체계적인 효과를 확인할 수 있다. 중졸 집단을 기준으로 하여 비교해 볼 때 고졸 집단이 가지는 수익률에서의 우위는 몇 가지 직업 특성들로 유의미하게 설명되고 있다. 고졸 집단은 중졸 집단에 비해 평균적으로 37.7% 정도 높은 임금을 받고 있다. 업무순환의 영향력은 중졸집단에 대한 경우와 다른 방향의 효과를 보인다. 이러한 결과는 업무순환이라는 의미가 상황에 따라 상반된 의미를 가질 수 있기 때문으로 해석된다. 업무순환이라는 직업 특성은 자신의 업무에서 새로운 일을 배우는 정도로 측정되었는데 기술 정도가 높은 업무에서 새로운 일을 배우는 정도는 기술의 발전정도를 재는 변수일 수 있지만 단순한 업무에서 새로운 업무로 자주 순환한다는 것은 업무가 특화되지 않고 순환된다는 의미일 수 있다. 업무 순환이 높은 직업은 중졸에 해당하는 특정의 노동자들에게는 16.4% 정도 높은 임금을 받는 효과를 보이지만 고졸학력에 따른 차이에는 업무순환도가 한 단위 높아짐에 따라 8.7% 적은 임금을 받는 부정적 효과를 나타내고 있다. 또한 여성 업무를 맡는 것은 여성비율이 한 단위 높아짐에 따라 고졸 학력자에 따른 차이가 17.5% 늘어나는 것을 뜻한다. 대졸 이상의 학력을 가진 집단들은 독립적으로는 중졸 이상의 집단보다 높은 임금을 가지는 집단인데 직업의 특성에 의해 이러한 차이를 체계적으로 설명할 수는 없었고 단지 대졸 집단의 경우 여성비율이 한 단위 높아짐에 따라 29.3%만큼 대졸로 인한 임금수준의 차이가 늘어나는 것으로 나타났다. 따라서 직업의 특성들, 특히 여성비율은 노동자들의 인적자본에 따른 차이를 다르게 하는 효과를 가지고 있다는 사실을 확인할 수 있었다.

<표 7> 직업특성이 시간당 임금[##]에 미치는 영향에 관한 위계선형분석: 절편－기울기 모형

변 수	회귀 계수
절편에 대한 영향력 β_{0j}	
절편 γ_{00}	7.53**
기술정도 γ_{01}	.123*
업무순환 γ_{02}	.164*
작업유해성 γ_{03}	.026
여성비율 γ_{04}	-.450**
고졸과의 임금차이에 대한 영향력(기준: 중졸 이하) β_{1j}	
절편 γ_{10}	.377**
기술성도 γ_{11}	-.034
업무순환 γ_{12}	-.087*
시간유동성 γ_{13}	-.029
여성비율 γ_{14}	.175**
대졸과의 임금차이에 대한 영향력(기준: 중졸 이하) β_{2j}	
절편 γ_{20}	.298
기술정도 γ_{21}	-.105
업무순환 γ_{22}	-.069
시간유동성 γ_{23}	-.034
작업유해성 γ_{24}	.102
여성비율 γ_{25}	.293**
#근속기간의 수익률 β_{3j}	.026**
#결혼에 따른 차이 β_{4j}	.174**
대기업과 임금 차이(기준: 300 미만) β_{5j}	.032**
고위직에 따른 차이(기준: 과장미만) β_{6j}	.220**

* p<.05   ** p<.01
\# fixed
\#\# 시간당 임금에 대한 자연대수값

셋째, 결혼에 따른 차이와 근속기간의 수익률은 무작위 회귀모형의 경우와 동일하다. 그러나 조직과 관련된 변인들인 대기업과의 임금차이와 고위직급에 따른 차이는 줄어들었다. 이러한 결과로 미루어 볼 때 직업특성들과 조직 변수들이 간접적으로 관련되어 있으리라고 추정할 수 있으며 직업특성들을 고려하면 조직 변수들로 인한 차이가 줄어든다는 사실을 알 수 있다.

<표 8>은 직업 특성을 고려한 절편-기울기 모델이 최초의 모델인 무작위 회귀계수 모형과 비교하였을 때 어느 정도나 설명력이 증가하였는지를 보여준다. 모델 간의 설명력의 비교는 무작위요소들(random component)의 분산이 어떻게 변하였는지를 비교함으로써 가능하다. 직업의 특성을 고려함으로써 직업절편의 변이는 43.4% 더 증가하였고 고졸 집단의 수익률에 대한 설명에서의 차이는 45.5%, 대졸 집단의 수익률에 대한 설명에서의 차이는 26.3% 증가하였다. 이러한 결과를 통하여 직업특성들을 고려한 위계 선형 분석을 통하여 개인들의 임금 변화가 보다 효과적으로 설명되었다는 사실을 알 수 있다.

<표 8> 무작위회귀계수 모델과 절편-기울기 모델의 비교

모　델	직업 절편	고졸 집단의 차이	대졸 집단의 차이
무작위회귀계수 모델	.076	.011	.038
절편-기울기 모델	.043	.006	.028
추가설명 된 분산(%)*	43.4	45.5	26.3

*: 추가 설명된 분산
　　= (무작위회귀계수모델의 분산 - 절편, 기울기모델의 분산)/(무작위회귀계수 모델의 분산)

직업특성들을 고려한 위계선형분석에서 업무의 특성을 재는 변수, 즉 여성의 비율이 지속적으로 유의미하게 나타나는 중요한 변수이었다는 점은 인상적이다. 성별 분리 지수를 계산함으로써 실제로 존재하는 많은 직업들이 성에 따라 분리되어 있다는 것을 확인하였다. 이러한 현실에서 성에 따른 분리, 그 중에서도 여성의 비율이 높은 업무라는 직업적 특성이 다른 제반 요소들을 통제한 상태에서도 개인이 노동시장에서 받는 보상을 결정하는데 중요한 영향을 미친다는 것은 개인들의 능력으로 뛰어넘을 수 없는 구조적 요소가 존재한다는 것을 입증해주는 결과이다.

실제 직업들에서 개인특성들이 직업에 따라 어떻게 다르게 영향력을 나타나는가. 여성 비율이 높은 5개의 직업들과 남성비율이 높은 5개 직업들에 대한 독립된 회귀식 추정 결과들을 살펴봄으로써 개인들의 특성에 따른 차이가 이들 직업들에서 어떻게 다른 효과를 가지는가를 구체적으로 살펴보았다. 이 연구에서 사용된 직업의 종류 74개 중 여성 비율이 높은 직업 5개와 낮은 직업 5개 각각에 해당하는 10개의 회귀식들을 <표 9>와 <표 10>에 제시한다.

5대 여성 집중직업들은 대인관계 업무나 단순한 노동 집약적 업무를 하는 직업들로 흔히 여성 직업으로서 연상되는 통념에 부합하는 직업들이다. 비서 및 사무원 그리고 고객안내사무원은 중소기업에 다니는 중졸 미혼 노동자의 기본임금이 직업 전체에 비해서 높게 나타나지만 교육수준에 따른 차이에 있어서 다른 직업들에 비해 현저하게 떨어지는 특징을 가지고 있다. 여성직의 경우 인적 자본에 대하여 합리적으로 보상되고 있지 않다는 것을 보여주는 예이다. 또한 대기업이 소기업에 대해 가지는 차이는 여성직에서 대체로 적게 나타난다는 사실을 확인할 수 있다(대금수납원 제외). 여성직에 종사하는 사람들은 규모가 큰 기업에 다닌다고 할지라도 규모에 따른 혜택을 누리지 못하고 있다고 해석할 수 있다. 직급에 따른 차이는 상점판매원을 제외하면 대체로 높게 나타난다. 여성들은 조직 내에서 대체로 낮은 직급에 속하므로 이러한 직급에 따른 차이는 여성들의 보상에 부정적인 영향을 끼칠 수 있다. 반면에 남성 집중적인 직업들에서는 중졸 기본임금이 전체적으로 높게 나타날

72

뿐 교육이나 제반 개인적 요소들의 효과는 직업 전체 평균에 비추어 볼 때 오히려 작게 나타나고 있다. 남성직에서 임금이 높은 것은 개별 특성에 따른 합리적인 차원에서 나타나는 차이라기보다는 남성직이라는 범주에 평균적으로 주어지는 임금에서의 차이를 반영한 현상으로 해석할 수 있는 결과이다.

<표 9> 5대 여성 집중 직업의 임금 결정 요인에 대한 회귀분석

직 업 변 수	비서 및 사무원	섬유, 의복 및 관련기 능근로자	상 점 판 매원 및 선전원	고객안내 사무원	대금수납원 및 관련사무원	직업평균
절 편	8.504	7.660	7.900	8.107	7.942	8.087
교육수준 (중졸기준)						
고 졸	-.347	.185	.186	-.001	.101	.097
대 졸	-.128	.512	.290	.165	.265	.271
대기업	-.009	.087	.001	.015	.036	.033
직 급	.297	.624	.036	.333	.280	.210

<표 10> 5대 남성 집중 직업의 임금 결정 요인에 대한 회귀분석

직 업 변 수	철도기관사 및 관련근 로자	농업 및 이 동장치 운 전원	자동차 운전원	기계정비원 및 설비원	기타 부서 관리자	직업평균
절 편	8.417	8.184	8.075	8.132	8.560	8.087
교육수준 (중졸기준)						
고 졸	.097	.043	.020	.027	.070	.097
대 졸	-.026	.193	.053	.148	.318	.271
대기업	-.048	-.009	.148	.028	-.036	.033
직 급	-.196	.343	.015	.209	-.033	.210

3. 요약 및 함의

인적자본론에 기반한 노동 시장 연구들은 개인들의 특성에 따른 차이들을 강조하고 있다. 그러나 실제 노동자들이 경험하는 노동시장에서는 조직, 직업 등 분리된 구조적 요소들이 존재한다. 개인들이 노동시장에서 받는 보상들은 자신의 개별적 특성들뿐만 아니라 그들이 속한 구조적 맥락에 따라 결정된다. 동일한 인적 자본을 가지고 있는 개인들도 그들이 속한 구조에 따라 다르게 평가되는 구조적 차이가 존재한다.

위계선형분석방법을 이용한 직업에 대한 분석결과를 통해서 노동시장 내에서 성별로 분리된 직업분리구조가 존재하고 직업분리는 개별적 특성이 다르게 평가될 수 있는 중요한 구조적 조건으로서 여성들의 위치를 다르게 조건지우고 있다는 사실을 확인할 수 있었다. 구조적 효과의 확인과 내용에 대한 탐색은 개별적 특성을 일면적으로 강조하는 인적 자본론에 대하여 구조와 개인의 상호작용효과를 논증하는 경험적 자료로서 의미를 갖는다.

다양한 분석모델을 통해 보여주는 위계선형분석결과는 개인특성들뿐만 아니라 직업에 따른 변이로 인해 노동시장에서의 보상체계가 달라지고 있다는 구조적 분리의 효과를 체계적으로 실증하고 있다. 무작위효과 아노바 모형에서 ICC(intraclass correlation)를 계산함으로써 직업들 간에 변이가 임금(시간당임금의 자연대수값)분산의 45.11%를 설명하고 있다는 점이 확인되었다. 임금에서의 차이는 직업이라는 구조적 특성에 의해서 상당부분 설명 가능하다는 사실을 입증하는 결과이다. 또 무작위 회귀계수 모형은 직업들 간의 변이를 존재한다는 것이 통계적으로 유의미한 사실이라는 점을 확인하여주었고 개인적 속성들에 따른 기울기 차이로서 직업 간 차이가 나타난다고 할 때 무작위효과 아노바 모형에 비해 약 37.7% 설명력이 증대하였다는 결과를 보여준다. 절편-기울기 모형은 직업 간 차이가 나타나는 이유를 직업특성들로 구체적으로 설명하고 있는데 기술정도, 업무순환성, 직업의 성비율과 같은 직업특성들이 개인들의 보상체계를 다르게 하는 구조적 효과의 내용으로 확인되었다. 인적자본의 차이도 개별적인 수준에서 작용하기보다는 직업이라는 구조적 맥락의 특성에 따라 다르게 작용한다는 사실을 알 수 있었다.

실제로 여성들이 노동시장에서 받는 차별이 성별로 분리된 직업이라는 구조적 특성에서 기인한다고 할 때 같은 직업 내에서 성별로 다르게 주어지는 업무특성은 그 중요성에도 불구하고 많은 연구들에서 적절하게 고려되고 있지 못하다. 이러한 상황에서 업무특성에 관한 보다 자세한 정보를 제공하는 본 연구의 결과는 여성들의 상황을 보다 구체적으로 잴 수 있는 노동 상황의 효과로서 직업을 고려하고 있다는 점에서 앞으로의 연구에 중대한 시사점을 가지고 있다.

위계선형분석결과는 개인들이 노동시장에서 받는 보상에서의 차이는 개별특성들에 따른 직업 내 차이뿐만 아니라 업무특성과 연관된 직업 간 차이에 의해서 설명될 수 있는 가능성을 보여주고 있다. 우리나라에서 DOT(dictionary of occupational titles)에 상응하는 직업특성에 대한 자세한 정보가 축적되고 이러한 자료를 이용하는 것이 가능하다면 보다 더 구체적인 직업 간 특성들을 포착하는 작업이 실현될 수 있을 것이다. 본 연구에서 고려된 직업 특성들은 자료의 제약으로 인해 한정적이라는 점에서 보다 구체적인 업무특성들을 고려한 연구들로 추후에 보충될 일이다.

제5장 경력이동의 성별 차이

　직업에 따른 구조적 배치가 할당적 차별과 가치적 차별을 의미하는 불평등조건이 된다고 할 때 개인들의 경력이동의 과정에서 구조적 조건들의 변화를 추적하는 작업은 중요한 의미를 가진다. 개인들의 노동경험에서 직업은 하나의 고정된 구조적 조건이 아니라 경력이동과정에서 변화하는 조건이다. 직업 이동으로 생기는 변화는 개별 노동자들에게 노동 상황과 조건들을 다르게 하는 중요한 사건들이 된다.

　경력이동의 과정에서 생기는 변화에서 직업유형과 지속기간(duration)은 주된 내용이 된다. 직업 이동의 과정에서 성별직업분리라는 구조적 현상이 어떻게 유지 혹은 변화되고 있으며 변화의 유형에 있어서도 성별차이가 존재하는지를 직업, 규모, 고용 지위, 직급이라는 구조적 특성들을 중심으로 살펴본다. 이와 같은 경력이동유형의 변화는 시간의 축에 따라 개인들의 구조적 위치가 어떻게 할당되는지를 보여주는 것으로서 구조적 차별의 조건과 변화유형을 보여준다. 또한 각 직업의 지속기간을 추적하여 그 변화를 설명하고 개인들의 노동경험을 다르게 하는 요인이 무엇인지를 분석한다. 동태적 변화에 있어서 직업의 지속기간은 중요한 요소임에도 불구하고 자주 다뤄지지 않은 주제이다. 이 연구에서는 직업의 지속기간에 대한 분석에서 동태적인 변화를 추적할 수 있는 방법론을 활용하여 시간적 변화를 직접 분석에 고려하고 노동경험을 다르게 하는 요인들을 분석한다. 단기적이고 간헐적인 여성취업주기의 특색을 설명하는데 있어서 어느 한 시점에서의 상태를 포착하기보다는 시간적 변화를 고려하는 동태적인 분석이 더욱 의미 있는 시도일 것이다.

1. 경력이동의 유형

성별 분리에 대한 기존의 연구들은 성별 분리가 지속적으로 효과를 가지는 구조적 현상인가에 대해 일치하지 않는 연구결과를 보고하고 있다. 한편에서는 높은 수준의 성별 분리가 지속된다고 주장하는 논자들이 있는가 하면(Blau & Ferber 1986; Reskin & Hartmann 1986) 다른 한편에서는 여성직과 남성직 사이의 장벽은 그다지 견고하지 않아서 여성직과 남성직 사이에서 높은 이동을 관찰할 수 있다는 주장을 편다(Corcoran, Duncan, & Ponza 1984; England 1982; Jacobs 1989; Rosenfeld 1983). 그들이 보여주는 연구 결과들은 높은 수준의 분리가 존재하면서도 분리된 직업들 간에 높은 수준의 이동성이 관찰된다는 점에서 상충된다.

이러한 상충적 현상의 진의를 따지기 위해서는 다음의 두 가지 문제를 고려할 필요가 있다. 첫째, 남성직과 여성직을 나누는데 사용한 직업범주가 적합한가 하는 것이다. 직업이라는 범주는 어떠한 범위의 분류 체계가 사용되는가에 따라 아주 다른 의미를 가질 수 있으며 가장 자세한 범주인 세분류의 직업범주가 사용되었다고 하더라도 사람들이 실제로 하고 있는 업무의 성격을 제대로 반영하는 것이 어렵다. 빌비와 배른(Bielby & Baron 1986)은 직업(occupation)과 업무(job)는 구분되어야 한다는 점을 지적한다. 실제로 기업 내에서 하는 업무는 동일하면서도 직업범주가 변한 경우가 있다. 따라서 편의상 구분된 직업범주에서 분리된 영역 간 이동 현상을 관찰하였다고 하더라도 이것이 반드시 여성직과 남성직을 넘나드는 이동이라고 단정 짓기에는 우리가 가지고 있는 자료의 정보가 지극히 제한적이다. 둘째, 현재 관찰되는 이동 현상이 어느 정도의 시간범위에 적용되는 변화인가. 이동현상이 관찰된다고 하더라도 그 이동 현상은 일시적 현상이며 성 분리적 구조로 다시 재배치된다는 설명이 가능하다. 제이콥스 (Jacobs 1989)는 여성들이 생애에 걸친 경력이동의 과정에서 때로 남성직에 입문할 수도 있으나 여러 가지 제도적 혹은 비공식적인 사회적 통제로 인해 이직을 하도록 압력을 받는다고 보고 그러한 현상을 '회전문(revolving doors)'라는 개념으로 이론화하고 있다. 같은 여성이 여성직에 계속 머무는 것은 아니더라도 직업의 성 분리 현상은 지속되는 현상이라는 것이다. 여성 노동의 이동에 대한 설명은 주로 두 개의 시점에서 직업의 성 분포(sex composition)에 대한 대규모 통계 자료를 비교하는 것이 일반적이다. 이러한 비교 방식에서는 '회전문' 현상은 확인할 수 없다. 실제 개인들의 경력이동의 유형은 전체적인 움직임과는 다를 수 있기 때문이다.

본 연구에서는 이러한 문제 제기들을 수용하여 성별로 나타나는 경력이동의 유형에 대한 분석을 하기 위해 다음과 같은 점에 유의하고자 한다. 첫째 개인들의 경력이동을 분석하기 위해서는 대규모 통계 자료 비교보다는 개인들의 실제 경력이동 자료에 근거한 분석이 필요하다는 것이다. 둘째, 직업범주의 제한적 의미로 인해 개인들이 처해 있는 상황을 효과적으로 드러낼 수 있는 직업 외에 다른 차원의 분석 요인들이 보충적으로 필요하다는 것이다. 같은 직업을 가질 때 업무의 성격 외에도 다른 요인에 따라 다른 처우를 받을 수 있다. 예를 들면 대기업에서 사무직을 가지고 있는 여성과 중소기업에서 같은 업무를 하는 여성들의 처우는 다르다. 다시 말하면 직업이라는 범주적 개념은 노동 상황을 집약하는 개념으로서 제한적이기 때문에 다른 보충적 요인들이 여성들의 경력이동에서 어떻게 변화하는지가 설명되어야 한다.

노동 시장에서 개인들의 상황에 영향을 미치는 구조적 변수들로는 직업, 규모, 그리고 종사상의 지위9)가 있다. 첫째, 직업의 성비율

---

9) 성별 직업 분포와 함께 직급은 노동시장에서 위계적 위치를 나타내는

을 고려하여 여성직, 혼성직, 남성직으로 직업을 구분한다. 본 연구에서는 직업 내의 여성비율이 70% 이상이면 여성직, 25% 이하이면 남성직, 그 사이에 해당하는 직업은 혼성직으로 구분한다. 성에 따라 구분된 구조에 따라 주어진 업무가 다르다고 할 때 직업구조는 업무의 특성을 대변하는 대리변수가 된다(Baron and Bielby 1985). 경력이동의 과정에서 할당된 구조적 위치가 어떻게 변화하는가는 여성들의 노동경험을 다르게 할 중요한 변화가 된다. 둘째, 대기업 중심의 경제 발전 구조를 가지고 있는 우리나라에서 규모는 기업에 근무하는 노동자들의 여건을 구성하는 중요한 요인이다. 많은 연구들이 기업규모에 따라 다른 임금 수준을 보고하고 있다. 더구나 부가급부, 승진체계, 노조활동 등이 대기업을 중심으로 발달한 까닭에 규모는 중요하게 고려해야할 환경변수이다. 셋째, 고용 지위는 그 중요성에도 불구하고 자주 도외시되었던 노동시장 구조 변수이다. 고용 지위는 고용주와의 관계로 정의되는 개념으로 크게 보면 자영인과 피고용인으로 나눌 수 있다. 자영인 경우 노동자를 고용하고 있는 업주인 경우는 고용주, 고용인 없이 자신의 사업을 하고 있는 경우는 자영업자로 세분하였다. 또한 피고용인의 경우도 사기업과 공기업이라는 조직의 제도적 조건에 따라 노동조건에 있어서 차이가 현격하므로 피고용인 범주 내에 두 가지 범주를 다시 세분하였다. 그리고 피고용 내에 이질적인 범주로 가족종사라는 지위를 따로 고려하였다. 가족종사는 자신의 사업을 하는 것이 아니라 피고용 된 위치에 있지만 고용인과 가족관계에 있을 경우를 지칭한다. 특히 가족종사는 여성들의 경제활동에서 중요한 의미를 가진다. 따라서 고용 지위로는 고용주, 자영업자, 사기업 피고용, 공기업 피고용, 가족종사의 다섯 개의 범주를 분석에서 고려하기로 한다.

중요한 개념이다. 그러나 각 직급에 해당하는 노동자들의 사례수가 적어 본 연구에서는 다루지 않기로 한다.

1.1 분석 모형

최소한 한 번 이상 직업을 바꾼 경험이 있으며 다른 직업들을 시작하기 전까지 공백 기간이 5년 이내인 모든 노동자들을 대상으로 하여 성에 따라 나타나는 경력이동의 경향을 분석하였다. 노동 시장에서 지나치게 오랫동안 벗어나 있던 사람들은 그들이 보이는 여러 가지 특징들이 간헐적인 노동경력으로 인한 것인지 아니면 다른 외적 요인들이 개입한 것인지 알 수 없다. 따라서 동일한 상황에서도 나타나는 성적 차이가 존재하는지를 확인하기 위해서 계속 경력을 추구한다고 간주할 수 있는 남녀의 노동자들만으로 제한하여 그들의 경력이동의 과정을 다각도에서 비교해보고자 한다.

노동 시장 내에서 중요한 경험들은 노동시장에 진입한 시기, 다시 말하면 직업을 시작한 시기에 따라 다르다. 그러므로 모든 분석은 직업 시작 시점을 기준으로 3개의 직업 코호트로 나눠 실시되었다. 첫 번째 코호트는 1979년 이전에 노동시장에 참여한 사람들, 두 번째 코호트는 80년대에 직업을 시작한 사람들, 그리고 세 번째 코호트에서는 90년대에 노동시장에 진입한 비교적 어린 연령층의 노동자들이 속한다. 이러한 연구 전략은 분석결과로 나타나는 차이들이 실제로는 성별로 다르게 나타나는 것이 아니라 분석대상이 되는 자료 자체의 내적 차이, 다시 말하면 나이, 근속기간(tenure), 노동경력(work experience)의 차별성에서 비롯될 가능성을 최대한 통제하는 것을 목적으로 한다.

인적 자본론에 입각하여 여성 노동을 분석하는 연구자들은 자주 여성 노동에 대한 차별을 여성의 열악한 인적 자본으로 설명한다. <표 11>에서 선택된 표본에 나타난 직업코호트별 특성들을 살펴보면 각 코호트별로 여성과 남성의 특징들이 임금을 제외한 모든 특징에서 매우 유사하게 나타나고 있음을 확인할 수 있다. 그렇다면 노동시장에서 중요하게 인정받는 여러 가지 특징들에 있어서 개인

80

노동자들이 크게 차이가 나지 않음에도 불구하고 경력이동의 과정에서 성 차이가 나타나는 원인에 대한 집중적인 탐색이 필요하다.

이 장에서 문제 해결을 위해 살펴볼 주요한 연구 질문은 다음과 같다. 첫째, 남성 혹은 여성 내부에 그들이 속한 직업 코호트에 따라 다른 특성들이 존재하는가. 둘째, 같은 직업 코호트에서 여성과 남성은 다른 이동유형을 보이는가. 셋째, 위와 같은 경력이동의 특성들은 직업 이동, 규모이동, 직급 이동, 종사상의 지위 이동의 다양한 시점에서 어떻게 다르게 나타나는가. 이러한 연구 시각은 직업 이동에 초점을 맞춘 기존의 연구보다 다양한 차원에서 구조적 특성들의 변화를 조명하고 이 때 성별로 나타나는 차이점들을 보다 구체적으로 포착할 수 있을 것이다.

<표 11> 직업코호트별 성에 따른 노동자들의 평균특성들

직업코호트	성별	임금**	연령	노동경력	근속기간	교육수준*	공백기간
1: ~79년	남성	1816.41	47.26	24.72	12.68	1.77	1.19
	여성	674.44	46.42	22.43	13.82	1.47	1.05
	전체	1613.78	47.11	24.32	12.88	1.71	1.17
2:80~89년	남성	1902.59	34.21	9.68	5.86	2.48	1.15
	여성	1369.31	34.03	9.30	4.93	2.18	1.74
	전체	1776.44	34.16	9.59	5.64	2.41	1.29
3:90~97년	남성	1645.91	28.70	3.63	2.55	2.83	.67
	여성	1150.55	29.02	3.81	2.45	2.75	.83
	전체	1509.62	28.79	3.68	2.52	2.81	.71

** 임금: 보너스, 수당, 세금을 포함한 연 평균 총 수입(단위: 만원)
* 교육수준: 4점 척도
1) 중졸 이하 2) 고졸 3) 전문대 4) 대졸 이상

1.2 직업 이동

직업 내의 여성비율을 기준으로 직업을 나눠보면 남자 성원이 대부분인 남성직(여성비: 25% 미만), 여성 성원이 대부분인 여성직(여성비: 70% 이상), 그리고 남성과 여성이 혼합되어 있는 혼합직(여성비: 25%~70%)으로 나눌 수 있다. 성별 직업 이동에서 가장 중요한 문제는 직업별로 성분포가 다르고 이러한 분포가 이동의 과정에서도 유지되는 구조적 특성을 가지고 있는가 하는 것이다. 개인의 경력이동의 과정에서 직업 분포의 특징이 성에 따라 이동을 가로막는 장벽으로 작용하고 있는지를 실제로 살펴보는 것은 이러한 점에서 의미가 깊다.

개인들의 직업 이동은 바로 이전의 직업에서 현재의 직업으로의 이동을 통해서 살펴보았다. 이때 이제까지 직업이 2개뿐인 노동자들은 처음 직업에서 현재 직업으로의 이동을 살펴보는 것이 되지만 여타의 노동자들에게는 최근의 직업 이동 과정을 살펴보는 것이 된다. 자료가 노동자들의 기억에 의존하는 회고적 자료이기 때문에 경력이동과정에 대한 기록의 정확성이 의심되기는 하지만 처음 직업과 최근 직업에 대한 자료는 상대적으로 정확한 정보를 가지고 있으리라 생각된다.

직업 이동은 개인들의 경력 추구 과정이다. 모든 개인들은 자기 발전을 추구하지만 그들의 경력이동의 과정은 반드시 개인들의 의도와 합치하지는 않는다. 직업 이동에서 개인들이 노동시장에서 차지하는 위치들은 다각도로 변화한다. 성별 직업범주 간의 이동은 고용 지위에 따라서 다른 의미를 가질 것이다. 따라서 전체 노동자 집단의 직업범주 간 이동을 단순히 살펴보는 것보다는 다른 노동 상황을 따로 고려하는 것이 필요할 것이다. 다음에서는 자영 부문과 피고용 부문10)으로 나누어 직업 이동의 성별 변화를 살펴보기로 한다.

1.2.1 자영 부문

<표 12>에서 상대적으로 근속 기간과 직업 경력이 가장 긴 집단인 제1직업 코호트에서의 직업 이동을 먼저 살펴보면 성에 관계없이 공통적으로 나타나는 현상은 자신의 직업범주에 대한 유지경향이다. 남성의 경우는 남성직의 유지비율(71.6%)이 높게 나타나고 여성의 경우는 여성직의 유지(80%)의 비율이 다른 직업 코호트에 비해 상대적으로 높게 나타나고 있다는 것을 알 수 있다. 이들은 연령에 있어서 상당히 높은 층에 속하기 때문에 더 이상의 경력을 추구하기보다는 변화를 싫어하는 안정기에 접어들어 있는 시기이다. 따라서 이들에게서 자신의 성과 일치하는 직업범주를 택하는 것은 자연스러운 선택으로 보인다. 직업범주의 전반적인 유지 비율은 주대각선(main diagonal)의 값11)으로 파악할 수 있는데 이 값에 있어서도 제1코호트의 경우가 다른 코호트와 비교해볼 때 이전 직업범주의 유지비율이 남녀 모두에게 있어서 가장 높았다. 그러므로 이 시기에는 고려된 모든 직업범주에 대해 전반적으로 이전 직업을 유지하는 비율이 높은 것을 알 수 있다(남자는 약 56%, 여자는 약 61%).

여성직과 남성직의 이동 관계는 성별로 차이가 나타나고 있다. 제1직업코호트에서는 남성들의 경우 여성직으로의 유입(16.1%)보다 남성직으로의 유입(37.5%)이 많이 나타난다. 이 밖에 이전 직업이 혼성직에 속하였던 노동자들이 남성직 혹은 여성직으로의 옮기는 경향이 높게 나타나고 있으며 이전 직업이 여성직에 속하였던 노동

---

10) 여기서 자영 부문은 고용주와 자영업자를 포함한 범주이고 피고용 부문은 공기업과 사기업에 피고용 된 노동자들을 포함하는 범주이다.
11) 주대각선 값은 이전 직업범주를 그대로 유지한 사람들이 코호트 전체 노동자들에서 차지하는 비율을 남녀별로 계산한 것이다.
  예를 들면 제1코호트의 남성의 경우는 다음과 같이 계산한다;
  (이전 직업과 현재 직업의 범주가 같은 남성수)/(제1코호트 남성 전체 사람수).

자들은 자신들의 범주를 유지하는 비율(37.5%)만큼이나 남성직으로 이동하는 비율(37.5%)이 높다. 반면에 여성들의 경우는 여성직에서 남성직으로 이동하는 비율(10.0%)에 비해 남성직에서 여성직으로 옮기는 비율(60%)이 현저히 높다. 자영업의 경우는 다양한 선택이 가능한 것처럼 보이는데도 여성들이 남성직으로 옮기는 비율은 극히 낮게 나타나고 있다. 대부분의 여성들은 남성들과 달리 여성직 또는 혼성직에 속해있는 경향을 관찰할 수 있다.

제2직업코호트에는 80년대에 직업 활동을 시작하게 된 중년의 남녀 노동자들이 속한다. 이 시기에 속하는 노동자들도 자신의 성이 다수를 차지하고 있는 직업범주를 유지하는 경향이 강하게 나타나고 있으나 제1코호트에 비해서는 낮은 비율로 유지되고 있다(남자 47.24%, 여자 56%). 먼저 남성노동자들을 살펴보면 제1코호트에 비해 남성직의 유지 비율은 좀 낮아지고(56.1%) 여성직으로 이동하는 유입(27.3%)은 높아졌다. 혼성직은 여전히 남성직 혹은 여성직으로 자유롭게 이동하는 유동적인 특성을 보인다. 이 시기에 속하는 여성 노동자들은 제1코호트에 비해서는 여성직의 유지비율(69.2%)이 낮게 나타나고 있으나 여전히 상당히 높은 수준으로 나타나고 있다. 남성들과는 달리 여성들의 경우는 혼성직이라 하더라도 남성직으로의 이동은 극히 드물게 나타나고 있다. 또한 남성직에서 여성직으로의 유입(50.0%)이 여성직에서 남성직으로의 유입(7.7%)보다 크게 높게 나타나고 있다.12)

---

12) 제3코호트에 속하는 노동자들은 사례수가 극히 적으므로 경력이동유형에 대한 설명을 제시하지 않기로 한다.

<표 12> 직업코호트별 남성 자영 부문들의 직업 이동: N=415

직업코호트 \ 이전직 / 현직		남성직 (%)	혼성직 (%)	여성직 (%)	%	N(*)
1: ~79년	남성직	71.6	12.3	16.1	100	155(57.8)
	혼성직	38.6	31.6	29.8	100	57(21.30
	여성직	37.5	25.0	37.5	100	56(20.9)
	직업유지율	55.97				
2:80~89년	남성직	56.1	16.7	27.3	100	66(52.0)
	혼성직	40.5	27.5	32.4	100	37(29.1)
	여성직	37.5	8.3	54.2	100	24(18.9)
	직업유지율	47.24				
3:90~97년	남성직	57.1	14.3	28.6	100	7(35)
	혼성직	14.3	28.6	57.1	100	7(35)
	여성직	16.7	33.3	50.0	100	6(30)
	직업유지율	45				

(*) 현재 직업 내에서 누계가 차지하는 백분율

<표 13> 직업코호트별 여성 자영 부문들의 직업 이동: N=61

직업코호트 \ 이전직 / 현직		남성직 (%)	혼성직 (%)	여성직 (%)	%	N(*)
1: ~79년	남성직	20.0	20.0	60.0	100	5(17.9)
	혼성직	7.7	61.5	30.8	100	13(46.4)
	여성직	10.0	10.0	80.0	100	10(35.7)
	직업유지율	60.7				
2:80~89년	남성직		50.0	50.0	100	2(8.0)
	혼성직	10.0	50.0	40.0	100	10(40.0)
	여성직	7.7	23.1	69.2	100	13(52.0)
	직업유지율	56				
3:90~97년(**)						8

(*) 현재 직업 내에서 누계가 차지하는 백분율.
(**) 자영 부문 중 제3코호트에 속하는 여성들의 사례수가 매우 작아 분석
에서 제외.

1.2.2 피고용 부문

고용 지위로 볼 때 피고용 부문에서 근무하는 남성 노동자들은 모든 코호트에 걸쳐서 남성직을 유지하는 비율(73-75%)이 아주 높게 나타나고 있다. 제1코호트에 속하는 노동자들은 성에 따른 직업 분포를 유지하는 사람들의 전반적인 비율이 57.6%로 남성의 3개의 코호트 중 가장 낮은 비율을 보이고 있다. 그러나 제1코호트에 속한 남성 노동자들의 이직 유형을 구체적으로 살펴보면 남성직의 유지 수준이 여전히 높은 수준(73.4%)이고 다른 두 개의 코호트보다 여성직에서 남성직으로의 유입(68.2%)이 높은 것을 알 수 있다. 다만 이전 직업이 여성직이었던 사람들이 다른 직업범주, 특히 남성직으로의 유입이 크기 때문에 전반적인 범주 유지비율이 낮게 나타나는 것이다. 따라서 남성들의 경우는 노동경력이 오래 되고 나이가 많이 들수록 자신과 성이 같은 노동자들이 많이 근무하고 있는 직업으로 이동하는 경향이 있으며 여성직에서 이직하는 경향이 다른 직업 코호트에 비해 높다는 사실을 알 수 있다.

피고용 부문에 속하는 여성들의 경우는 자영 부문과 매우 다른 양상을 보이는데 제3코호트를 제외하고는 전반적으로 남성직으로의 유입이 높게 나타나고 있다. 제1코호트에서도 여성직에서 남성직으로 이동하는 비율이 41.7%로 높게 나타나고 있으며 남성직에서 남성직으로 이동하는 경우도 절반(50.0%)이 된다. 또한 혼성직의 유지 비율도 남성들의 경우(49.0%)와 달리 높게 나타난다(72.7%). 이 코호트에서는 남성직에서 여성직으로 유입이 관찰되지 않는데 이러한 현상은 여성들이 공식 노동시장에 많이 유입되기 시작한 것은 80년 이후이고 79년 이전의 시기에는 여성들에게 주어지는 전체적인 취업기회가 적었으므로 여성 직종 자체가 수적으로 많지 않았기 때문에 나타나는 결과인 것으로 해석된다. 다른 두 개의 코호트와 비교를 해보면 제1코호트에 속하는 여성 노동자들이 여성직을 유지하는 비율이 높게 나타나고 있다(33.3%). 그러므로 제1코호트에서는 다른 코호트에 비해서 여성직의 유지 비율이 높게 나타나고 피고용 부문에 속하는 여성 노동자들의 경우 전반적으로 나타나는 남성직으로의 높은 유입 현상이 함께 나타나고 있다.

제2코호트에 속하는 남성 근로자들은 보다 나이가 많은 제1코호트에 속하는 노동자들보다 여성직의 유지 비율(23.7%)이 높다. 다른 남성들의 코호트와 마찬가지로 남성직의 유지 비율이 높으며 혼성직이나 여성직에서 남성직으로 이동한 비율이 높다. 반대로 남성직 혹은 혼성직에서 여성직으로의 유입은 매우 낮다. 따라서 제2코호트에서도 남성직으로 유입이 많으며 여성직에 종사하고 있는 남성들은 대부분 다른 직종에서 이직한 것이라기보다는 여성직을 유지한 층이다. 이 시기에 여성들의 경우는 제1코호트에 속하는 노동자들과 비교해볼 때 여성직으로의 유입이 눈에 띄게 늘어나는 시기이다. 남성직에서 여성직으로의 유입은 40%, 혼성직에서 여성직으로의 유입은 10%이다. 이전 시기에 많았던 남성직에서 혼성직으로의 유입이 줄어들고 여성직으로의 유입이 늘어난 것이다. 그리고 남성직에서 여성직으로의 유입(40.0%)과 여성직에서 남성직으로의 유입(44.8%)이 비슷한 정도로 나타나는 시기이다.

제3코호트에 속한 노동자들은 남성과 여성 모두 전반적인 직업범주의 유지율이 다른 코호트에 비해서 높다. 남성직과 여성직이 유지되는 정도는 다른 코호트와 비슷하지만 혼성직의 유지율은 상대적으로 높게 나타나는 것이 이 시기의 특징이다. 또한 이전 직업이 여성직이었던 남성들의 경우 남성직으로의 유입이 다른 코호트에 비해서 현저히 낮고(35.7%) 혼성직으로의 유입이 상대적으로 높게 나타나는(42.9%) 시기이기도 하다. 여성들의 경우도 이 시기에 속하는 노동자들이 가장 높은 직업범주의 유지율을 나타내고 있는데 구체적인 양상을 살펴보면 남성들과는 다르다. 다른 코호트에 비해서 이전 직업의 범주가 상대적으로 높게 유지되는 이유는 남성직과 여성직의 유지 비율이 상대적으로 높기 때문이다. 남성직의 유지 비율은 66.7%이고 여성직의 유지 비율은 다른 코호트에 비해 상당히 높은 54.5%이다. 여성들의 경우 혼성직의 유지비율은 모든 코호트에서 높게 나타나고 있고 이러한 경향은 제3코호트에서도 유사하다. 또한 이 시기에는 피고용이라는 고용 지위로 근무하는 여성 노동자들의 코호트 중 유일하게 남성직에서 여성직으로의 유입(33.3%)이 여성직에서 남성직으로의 유입(18.2%)에 비해 많이 나타난다.

<표 14> 피고용 남성노동자들의 직업코호트별 직업 이동: 591

직업코호트 / 이전직＼현직		남성직 (%)	혼성직 (%)	여성직 (%)	%	N(*)
1: ~79년	남성직	73.4	22.3	4.3	100	139(59.4)
	혼성직	51.0	49.0		100	51(21.8)
	여성직	68.2	15.9	15.9	100	44(18.8)
	직업유지율	57.26				
2:80~89년	남성직	75.0	20.8	4.2	100	144(58.3)
	혼성직	53.8	38.5	7.7	100	65(26.3)
	여성직	55.3	21.1	23.7	100	38(15.4)
	직업유지율	57.49				
3:90~97년	남성직	74.3	14.3	11.4	100	70(63.6)
	혼성직	42.3	53.8	3.8	100	26(23.6)
	여성직	35.7	42.9	21.4	100	14(12.7)
	직업유지율	62.73				

(*) 현재 직업 내에서 누계가 차지하는 백분율

<표 15> 피고용 여성노동자들의 직업코호트별 직업 이동: N=123

직업코호트 \ 이전직	현직	남성직 (%)	혼성직 (%)	여성직 (%)	%	N(*)
1: ~79년	남성직	50.0	50.0		100	4(14.8)
	혼성직	27.3	72.7		100	11(40.7)
	여성직	41.7	25.0	33.3	100	12(44.4)
	직업유지율	51.85				
2:80~89년	남성직	40.0	20.0	40.0	100	5(7.8)
	혼성직	13.3	76.7	10.0	100	30(46.9)
	여성직	44.8	24.1	31.0	100	29(45.3)
	직업유지율	53.13				
3:90~97년	남성직	66.7		33.3	100	3(9.4)
	혼성직		77.8	22.2	100	18(56.3)
	여성직	18.2	27.3	54.5	100	11(34.4)
	직업유지율	68.75				

(*) 현재 직업 내에서 누계가 차지하는 백분율

1.2.3 성별 직업 이동 비교와 가치 차별: 자영 부문과 피고용 부문

남성들의 경우는 고용 지위에 따라 정도의 차이는 있지만 전반적으로 남성직의 유지 경향이 높게 나타난다. 자영 부문과 비교해 볼 때 피고용 부문의 경우에 이러한 경향은 보다 강하게 나타난다. 자영업을 하는 경우는 연령층이 높은 제3코호트에서 이러한 경향이 보다 강하고 다른 두 개의 코호트에서도 비슷한 경향이 나타나고 있다. 더구나 직업범주가 달라지는 경우에도 남성직에서 여성직으로 이동하는 경우보다 여성직에서 남성직으로 이동하는 경우가 차지하는 비율이 높게 높게 나타나고 있다. 이러한 경향은 피고용 부문에서 극단적으로 나타나서 남성직에서 여성직으로 이동하는 경우는 두 개의 코호트에서 4%에 불과한 아주 미약한 정도에 그친다. 이러한 극단적인 경향은 피고용 부문 중 제3코호트에 속하는 남성 노동자에서 다소 완화된 양상을 보인다.

여성들의 경우는 고용 지위에 따라 다른 이동경향을 보여 주고 있다. 자영 부문에 종사하는 여성들의 경우는 여성직을 유지하는 비율이 매우 높으며 직업범주를 이동하는 경우도 남성직에서 여성직으로 유입하는 경우가 여성직에서 남성직으로 유입하는 경우보다 현저하게 높게 나타난다. 따라서 자영 부문에 속하는 여성들의 경우는 많은 여성들이 택하는 여성직을 선택하였거나 다른 직종을 선택하였다가도 여성 직종으로 전환하고 있다는 것을 알 수 있다. 이러한 현상은 자영 부문에 속하는 남성들이 상대적으로 자유롭게 직종을 전환하고 있는 경향과 비교된다. 자영 부문은 자본, 기술 등 피고용 부문과는 다른 제반 조건들을 필요로 한다. 여성들은 사회적 위치로 볼 때 남성들에 비해 자원동원능력에서 뒤떨어지므로 한정된 영역에서 개업을 하는 경향을 보이고 있는 것으로 해석된다.

피고용 부문에 속한 여성들은 자영 부문에 속한 여성들과는 다른 직업 이동 경향을 보이고 있다. 이들은 경력이동의 과정에서 전반적으로 남성직으로 이동하는 유입률이 높고 혼성직을 유지하는 비율이 높다. 이러한 결과는 피고용 부문에 있는 많은 직업들에서 남성들이 높은 비율을 차지하고 있는 데서 빚어지는 기회구조의 면에서 차이를 부분적으로 반영하는 것이다. 그렇다면 현재 여성직에 종사하는 사람들 중 타직업범주에서 이동한 노동자들의 비율을 살펴봄으로써 관찰되는 경향이 범주별 누계(marginal)상의 절대 숫자의 차이에서 오는 현상인지를 확인할 필요가 있다. 제1코호트를 제외하면 현재 여성직에 종사하는 사람들의 절반 정도가 대체로 여성직을 그대로 유지하는 이들이고 현재 남성직에 종사하는 사람들 중 여성직으로부터 이동한 사람들이 그중 반수 이상을 차지한다[13]. 따라서 피고용 부문에서 여성직 자체의 절대수는 그렇게 많지 않지만 높게 유지되고 있다는 사실을 알 수 있다.

피고용 부문에 종사하고 있는 남녀 노동자들에게 공통적으로 나타나는 또 다른 흥미로운 현상 가운데 하나는 젊은 연령층이 속하는 제3코호트로 올수록 직업범주의 유지율이 높게 나타나고 있다는 사실이다. 이러한 현상은 젊은 층이 오히려 직업범주 유지율이 낮게 나타나는 자영 부문에서 나타나는 이동경향과는 상반되는 것이다. 이에 대해 제한적이나마 해석을 해보면 다음과 같은 두 가지 가능성을 생각할 수 있다. 첫째 노동시장에 들어온 지 얼마 안 되는 초창기에는 자신이 처음에 택한 직업범주에서 크게 벗어나지 않는 직업 이동을 하지만, 전반적인 직업범주 유지율이 높은 이 시기와는 달리 자신의 성(sex)과 동일시되는 경향이 강한 직업, 다시 말하면 남성에게는 남성직, 여성에게는 여성직의 유지 비율은 제1코호트에서 가장 강하다. 따라서 노동자들은 젊은 시절에 어떤 직업을 가졌든지 노년이 되면 자신의 성이 주를 이루는 직업으로 이동하는 경향이 있다. 둘째 우리나라는 한국 전쟁 이후 단기간에 경제 발전을 이룩한 특수한 사회경제적 조건을 가지고 있다. 따라서 과거의 급변하고 불안정한 환경에서 개인들은 여러 가지 직업범주들을 보다 자유롭게 이동하였다. 제3코호트에서는 경제구조화의 정도가 높아졌기 때문에 직업범주 간의 이동이 과거에 비해 어려워졌다. 피고용 부문에 속하는 노동자들의 이동 경향에 대하여 정확히 설명하려면 장기적인 패널 자료와 당시의 경제상황에 근거하여 실제적으로 검토하는 작업이 필요할 것이다. 본 연구에서는 제한적인 자료로 인해 어

---

13) 특히 제2코호트에서 현재 남성직에 종사하는 사람들 중 여성직으로부터 이동한 사람의 비율이 높다(68.4%).

느 한 효과를 선택할 수는 없고 나이 효과와 시기적 효과가 복합적으로 작용하여 이러한 경향성을 보이고 있다고 잠정적으로 가정하여야 할 것이다. 우리가 관찰하는 사회현상은 다양한 효과가 복합적으로 작용하여 생기는 결과이므로 현상을 설명하기 위해서는 보다 많은 다른 효과들이 고려되어야 할 것이다. 제1코호트에서 남성들은 남성직으로 옮기고 여성들은 여성직으로 옮기는 회귀현상은 나이효과 외에도 사회적 혹은 제도적 효과로 인하여 유발되는 경향성일 것이다. 분석결과에 따르면 직업범주들 간에 이동현상 자체가 존재하지 않는 것은 아니지만 자신의 성이 주를 이루는 집단으로의 회귀현상인 이른바 '회전문(revolving doors)'현상(Jacobs 1989)이 이동유형의 특징으로 나타난다는 것을 알 수 있다.

한편 성별 직업 이동 경향도 자영 부문과 피고용 부문의 경우가 다르게 나타나지만 성의 분포에 따라 나눈 남성직, 혼성직, 여성직이라는 범주가 가지는 의미도 각 고용 지위에 따라 다른 함의를 가지고 있을 것이다. 그러므로 단순히 직업범주 간 이동 경향만을 비교하기보다는 그 경향이 가지는 의미를 고려하는 것이 필요하다. <표 16>과 <표 17>에서는 그러한 다른 의미들을 유추해보고자 고용 중요한 특성들에 대하여 범주별 평균적인 특성들을 제시한다.

남성직은 과연 좋은 직업에 대한 대명사인가. 구조적 할당은 가치차별이 일어나는 구조적 범주라는 사실이 경험적 자료에 의해 어느 정도 확인될 수 있는가. 또 구조에 따라 부여된 가치차별이 이동유형과 관련하여 가지는 함의는 무엇인가.

직업을 나누는 한 가지 방법으로 성의 분포를 따지는 작업은 성의 분포가 직업의 위계와 관계가 있고 일반적으로 남성직이 다른 직업보다 우월한 지위를 가지고 있다는 의미를 함축하고 있다. 자영 부문의 자료를 살펴보면 적어도 이러한 함의는 자영 부문에 일반적으로 적용될 수는 없다는 사실을 알 수 있다. <표 16>을 보면 자영 부문에서 여성직에 속하는 직업을 가지고 있는 남성들이 비슷한 교육 수준의 노동자들이 타직종에서 얻는 것보다 오히려 더 많은 수입을 올리고 있는 현상을 발견할 수 있다. 이들 남성들은 다른 직종에 비해 길지 않은 근속기간을 보이고 있음에도 불구하고 고수익을 올리고 있다. 또한 자영 부문에서 남성직을 가지고 있는 남성들은 상대적으로 긴 근속기간을 보이고 있지만 수입에 있어서는 혼성직에 종사하는 이들보다도 크게 많지 않은 수익을 올리고 있다. 따라서 남성들의 경우 자영 부문에서 남성직을 선택하는 것은 반드시 상승의 의미를 함축하고 있다고 보기 어렵다. 피고용 부문과 달리 여성 직종에서 남성들이 개업을 하는 사례가 많은 것은 여성 직종에서의 수익이 높기 때문이다. 남성들은 경제적인 계산에 따라 자유롭게 이동을 하고 있는 것으로 볼 수 있고 범주 간의 차이는 크게 중요하지 않다.

자영 부문에 속하는 여성들에게도 남성직에서 일하는 것은 반드시 호재가 아니다. 자영 부문에서 남성직을 가지고 있는 여성들의 경우도 타직종에 속하는 경우보다 오랫동안 종사했음에도 불구하고 혼성직에 비해 상대적으로 낮은 수익을 올리고 있다. 그런데 자영 부문에서 여성직을 가지고 있는 여성들 역시 혼성직보다 수익성이 낮은 것으로 나타나고 있다. 평균 임금의 차이는 210만원 정도이다. 자영 부문에 속하는 여성들에게 있어서 여성직 혹은 남성직으로 이동하는 것은 수익 면에서 상승을 기대할 수 있는 좋은 이동이 아니다. 그럼에도 불구하고 여성 직종에서 여성들이 개업하는 경향이 뚜렷하게 나타난다는 사실은 경제적 계산에 의해서 설명되기 힘들다. 여성들은 물질동원능력이나 가정과 연관된 다른 요인들에 의해서 선택이 제한된다. 결국 자영 부문에 속하는 여성들이 여성직에 집중적으로 이동하는 경향은 경제적 요인 외에 다른 요인들을 고려한 맥락에서 다시 설명해야 할 필요가 있다.

남성들에게 있어서 직업범주는 피고용 부문의 경우도 중요한 요인이 아니다. 그들은 범주에 상관없이 평균 근속 기간이 길수록 임금을 많이 받는 경향을 보이고 있을 뿐이다. 그러나 여성들에게 있어서는 어떤 직업범주에 속하는가는 중요한 문제이다. 근속기간이 길더라도 어떤 직업범주에 속하느냐에 따라 임금이 달라지는 양상을 보이고 있다. 남성직에 속하는 여성 근로자들은 근속기간이 가장 짧지만 여성 세 집단 중 가장 높은 임금을 받고 있다. <표 17>에서 보면 여성 직종에서 피고용 된 여성은 가장 긴 경력에도 불구하고 남성 직종에서 일하는 이들보다 낮은 임금을 받고 있다. 경력 기간을 고려하면 여성 직종에서 피고용 된 여성들은 세범주 중 가장 낮은 보수를 받고 있다.

성의 분포에 따른 직업 분리는 피고용 여성들에게 보다 중요한 범주이다. 여성과 남성의 차이는 모든 직업범주에서 나타나는 공통적인 차이이다. 이러한 차이는 여성들이 어느 범주에 속하여 있는가에 따라 더욱 강화된다. 그렇다면 남성들에게는 이러한 직업범주가 여성들처럼 중요하지 않은 까닭은 무엇일까. 남성과 여성이라는 노동 시장 외적 요인에 의한 차별은 남성과 여성의 평균적인 차이에 기반한 통계적 차별(statistical discrimination)이다. 이러한 차별 행위는 모든 직업에 고르게 적용되는 것이 아니라 그들이 소속된 범주에 따라 다르게 적용되는 구조적 성격을 가진다. 특히 여성들에게는 여성직이라는 구조적 조건으로 인해 더욱 더 낮은 임금이 주어지는 직업범주에 따른 구조적 차별이 유의미하게 작용한다.

<표 16> 성별 직업범주에 따른 평균 노동시장 특성들: 자영 부문

직 업	성 별	임 금**	교육수준*	근속기간	노동경력
남성직	남	1994.65	1.96	11.84	20.64
	여	1491.67	1.86	15.43	19.07
혼성직	남	1979.35	2.03	9.87	18.80
	여	1581.18	1.92	7.69	13.93
여성직	남	2021.43	2.10	8.24	17.67
	여	1369.57	1.87	6.13	13.44
전 체	남	1999.16	2.01	10.45	19.45
	여	1464.60	1.89	7.65	14.18

** 임금: 보너스, 수당, 세금을 포함한 연 평균 총 수입(단위: 만원)
* 교육수준: 4점 척도
1) 중졸 이하 2) 고졸 3) 전문대 4) 대졸 이상

<표 17> 성별 직업범주에 따른 평균 노동시장 특성들: 피고용 부문

직 업	성 별	임 금**	교육수준*	근속기간	노동경력
남성직	남	1707.54	2.28	7.55	14.78
	여	1276.78	2.40	4.24	10.64
혼성직	남	1781.79	2.30	8.66	13.88
	여	1203.02	2.28	3.93	9.76
여성직	남	1611.61	2.30	5.44	11.50
	여	1222.91	2.18	6.47	8.95
전 체	남	1719.60	2.29	7.68	14.29
	여	1227.53	2.29	4.62	9.80

** 임금: 보너스, 수당, 세금을 포함한 연 평균 총 수입(단위: 만원)
* 교육수준: 4점 척도
1) 중졸 이하 2) 고졸 3) 전문대 4) 대졸 이상

1.3 규모의 이동

직무중심으로 분절되어 있는 서구의 경우와는 달리 한국은 기업별로 노동시장이 분절되어 있다. 노동자들의 의견을 반영할 수 있는 통로인 노동조합도 산별 연대로 맺어진 노동자계급으로서의 운동이 아니라 기업별로 분절된 노동운동을 펼치고 있다. 한국 노동시장에서 기업은 차별화를 낳는 주요한 요인이며 기업의 성격을 드러내는 대표적인 특성은 규모라고 할 수 있다.

우리나라는 경제 발전의 과정에서 대기업이 주도적인 역할을 해왔다. 자본의 측면에서도 대기업과 중소기업은 시장 지배력이나 지불 능력에 있어서 차이가 매우 크다(이재희 1990). 1987년 이후 활발해진 노동조합운동의 요구에 대해서도 자원동원능력에 있어서 커다란 차이를 보이는 대기업과 중소기업의 대응이 같을 수는 없다. 더구나 능력 있는 노동자들을 보유하기 위한 내부노동시장의 발달은 대기업을 중심으로 이루어져 노동자들이 받을 수 있는 부가급부, 임금, 고용안정성은 규모별로 차이가 나타난다. 한국에서 내부노동시장이 발달하였는가는 그 자체가 논쟁적인 문제이다[14]. 1987년 자유화의 물결이후에 국가의 일방적인 억압적 노동시장 정책이 완화되고 자신들의 목소리를 낼 수 있는 노동자 운동이 활발해지면

---

14) 송호근은 국가의 노동시장 억압적 정책에 의하여 한국 노동시장은 구조적 분할 기능이 유보되고 임금경쟁적 시장으로서의 성향이 강화된 독특한 시장이라는 점을 지적한다. 따라서 1987년까지의 한국 제조업 생산직 노동시장에서는 분절화 경향이 나타나지 않는다는 것이다(송호근 1991). 이외에도 정성기는 한국에서 대기업과 중소기업 간에 노동시장 분절이 나타나지 않는다는 것을 제시하고 있으며 배무기와 박재윤은 대기업과 중소기업 사이에 노동 이동의 장벽이 없어 상호 간에 활발한 노동이동이 이루어지고 있다는 사실을 보고하고 있다(배무기, 박재윤 1978). 그러나 이들은 모두 1987년 이전의 자료를 분석하였고 이 시기 이후 한국의 노동시장은 국가의 노동통제가 약화되고 노동자의 저항이 분출되어 큰 변화를 겪었다.

서 노동자들이 처한 상황은 기업 규모에 따라 차별화되었다는 사실은 여러 연구들에서 확인되고 있다(정이환 1992; 남춘호 1991; 박준식 1991).

그러나 노동 시장에서 차이를 보이고 있는 성(sex)이라는 특성과 기업 규모 간의 관계를 논한 연구는 별로 많지 않다. 어수봉(1992)은 남성과 여성의 규모 간 이동이 어떻게 이루어졌는가를 보여주는 연구결과를 보여주며 노동시장의 규모 간 분절이 존재한다면 남성보다는 여성의 경우가 중소기업에 존재할 가능성이 많다는 사실을 보여주고 있다. 그런데 그의 분석은 노동시장에서의 주요한 특성들인 나이, 근속기간, 교육수준 등 제반 조건들을 통제하지 않은 상태에서 단순히 규모 이동이 성별로 어떻게 다른지를 보여준다는 점에서 한계가 있다. 또한 분석에 사용된 규모의 범주가 200인을 기점으로 두 개의 범주로 구성되어 있으므로 고용인이 아주 적은 영세기업에 근무하는 경향이 많은 것으로 보고 되고 있는 여성들의 상황을 적절히 반영하였다고 보기 힘들다.

본 연구에서는 이러한 문제점에 유의하여 다음과 같이 규모의 이동을 분석하고자 한다. 첫째, 직업 코호트별로 규모 간 이동을 살펴봄으로써 노동자들의 특성을 어느 정도 구분하여 이동경향을 살펴본다. 노동시장에 진입한 시기로 나눈 3개의 직업 코호트에서 남녀 노동자들은 연령, 근속년수, 교육수준 등 노동시장에서 주요한 특성들이 상당히 비슷하다. 따라서 직업 코호트별로 남녀 노동자의 이동을 살펴보는 것은 상당히 비슷한 특성들을 가진 노동자들의 이동을 남녀별로 적절히 비교하는 것을 가능하게 할뿐만 아니라 직업코호트별로 나타나는 연령 혹은 시기별 추세를 확인할 수 있다. 둘째, 규모를 보다 세분화하여 영세기업(0-9), 소규모(10-29), 중간규모 1(30-99), 중간규모 2(100-499), 대기업(500 이상)의 5개의 범주로 나누어 규모 간 이동을 보다 면밀하게 검토한다.

1.3.1 성별 규모 간 이동

규모별 분포를 보면 여성들은 어떤 코호트에 속하는가에 관계없이 소규모의 영세 기업에 속하는 노동자들이 대다수이다. 그런데 9명 이하의 소규모 기업에 속하는 노동자들은 직업 이동 과정에서 자신의 규모를 유지하는 경우가 남자는 65-69%, 여자는 73-90% 정도로 아주 높게 나타나고 있다. 따라서 노동시장 환경에 있어서 여러 가지 차이가 규모별로 존재한다면 이러한 차이는 직업 이동의 과정에서도 변화하지 않고 높은 비율로 유지되고 있다는 사실을 알 수 있다. 따라서 규모 간 차이가 존재한다면 이는 특히 소규모 기업에 집중되어 있는 여성들에게서 더욱 극단적으로 나타날 것이라는 예측이 가능하다.

79년 이전에 직업을 시작한 제1코호트에서 규모 간 이동을 살펴보면 특징적인 것이 9명 이하의 소규모 기업으로의 이동이 다른 코호트에 비해서 눈에 띄게 많다는 것이다. 이들은 다른 코호트에 비해서 고연령층에 속하는 노동자들로서 대기업에서 쌓은 경력으로 중소기업으로 이동을 하거나 자신의 사업을 시작한 경우이다. 제1직업코호트 내에서 이동 후에도 이전 직업과 같은 규모를 유지되는 비율은 남성들의 경우는 46.2%, 여성들의 경우는 51.43%이다. 이는 여성들의 경우 남성들보다 자신들이 이전에 속했던 회사와 같은 규모의 회사로 옮기는 경우가 많다는 것인데 구체적으로 그 범주를 살펴보면 9명 이하의 영세기업에 지속적으로 속해있는 경우가 89.8%로 아주 높다. 여성들의 경우는 이전에 다니던 기업보다 규모가 큰 기업으로 자리를 옮기는 것15)이 쉽지 않아서 9.5%에 불과하고 이러한 비율은

---

15) 이전보다 큰 규모로 이동한 비율은 다음과 같이 성별, 코호트별로 계산하였다;
　　예) 제1코호트에 속하는 여성노동자들의 경우라면
　　(제1코호트에 속하는 여성노동자 중 과거 직업보다 큰 규모로 이동한

같은 코호트 내에 있는 남성들의 경우(19.52%)와 비교하여 보아도 상당히 낮다. 규모 간 이동의 <표>로 볼 때 대기업에서 보다 규모가 작은 기업으로의 이동에 비해서 소규모의 기업에서 보다 규모가 큰 기업으로의 이동은 어려운 것을 알 수 있다. 그런데 상대적으로 볼 때 중규모 기업과 대규모 기업 간에 이동은 그다지 많이 관찰할 수 없고 9명 이하의 소기업과 중규모(10-29, 30-99) 간의 이동이 많이 관찰되는 것을 볼 수 있다.

제2코호트에서도 9명 이하의 영세기업들은 여전히 가장 높은 유지율을 보이고 있다. 전반적인 규모 유지율은 남녀가 비슷하게 나타나고 있다. 그러나 구체적으로 어떤 규모에서 유지율이 높은지는 성에 따라 차이가 존재한다. 남성들의 경우는 상대적으로 큰 기업 규모에서 유지율이 높게 나타나는 것을 알 수 있다. 고용인 9명 이하의 영세기업을 제외한다면 고용인 100명 이상(29.5%), 고용인 500명 이상(30.9%)의 비교적 규모가 큰 기업에서 높게 나타나고 있다. 반면에 여성들은 작은 규모에서 규모 유지율이 높게 나타나고 있다. 여성들의 경우는 고용인 9인 이하의 소기업의 유지율이 73.1%로 가장 높으며 고용인 10-29인 규모의 유지율이 27.8%, 고용인 30-99인 규모의 유지율이 21.7%로 높다. 또한 경력이동의 과정에서 규모를 이동하는 경우도 성별로 차이가 나는 양상을 보이고 있다. 이전보다 큰 규모로 이동하는 비율에 있어서 남성들은 25.20%, 여성들은 17.95%로 나타나 여성들은 상대적으로 대규모로의 이동이 더 어렵다는 사실을 확인할 수 있다.

제3코호트는 세 개의 코호트 중에서 남녀 모두 전반적인 규모 유지율이 가장 높게 나타나는 코호트이다. 남성들의 경우 전반적인 규모 유지율은 46.62%이고 대체적인 경향은 다른 코호트와 비슷한데 대기업의 유지율이 확연히 높게 나타난다는(52.4%) 점이 특징적이

사람수)/(제1코호트 전체 여성노동자수).

다. 또 아주 영세한 기업에서 대기업으로의 이동보다는 고용인 30인 이상 혹은 100인 이상의 중규모 기업에서 대기업으로 이동하는 비율이 높다. 남성들의 경우보다 규모가 큰 기업으로 이동한 사례는 전체의 24.6%이다. 여성들의 경우 다른 코호트에서와 마찬가지로 보다 큰 규모로 이동한 비율은 남성들보다 낮은 16.33%이다.[16]

<표 18> 직업코호트별 남성 노동자들의 규모 간 이동

직업코호트	현직 / 이전직	0-9	10-29	30-99	100-499	500 이상	%(N)
1: ~79년	0-9	69.3	10.6	10.6	4.7	4.7	100(254)
	10-29	58.3	30.6	1.4	8.3	1.4	100(72)
	30-99	47.2	18.9	17.0	9.4	7.5	100(53)
	100-499	64.0	12.0	2.0	16.0	6.0	100(50)
	500 이상	47.9	8.2	12.3	9.6	21.9	100(73)
	규모유지율	46.2					
2:80~89년	0-9	65.0	16.3	5.6	4.4	8.8	100(160)
	10-29	46.0	17.5	22.2	4.8	9.5	100(63)
	30-99	45.5	18.2	14.5	7.3	14.5	100(55)
	100-499	47.7	6.8	11.4	29.5	4.5	100(44)
	500 이상	36.4	12.7	12.7	7.3	30.9	100(55)
	규모유지율	40.58					
3:90~97년	0-9	67.4	13.0	6.5	10.9	2.2	100(46)
	10-29	50.0	25.0	16.7	4.2	4.2	100(24)
	30-99	24.0	20.0	36.0		20.0	100(25)
	100-499	35.3			29.4	35.3	100(17)
	500 이상	19.0	9.5	14.3	4.8	52.4	100(21)
	규모유지율	46.62					

---

16) 제3코호트에 속하는 여성들의 경우 중간 규모 이상의 회사에 다니는 사례수가 지극히 적어서 자세한 분석은 하지 않기로 한다.

<표 19> 직업코호트별 여성 노동자들의 규모 간 이동

직업코호트	현직 이전직	0-9	10-29	30-99	100-499	500 이상	N
1: ~79년	0-9	89.8	3.4	3.4		3.4	100(59)
	10-29	84.6		15.4			100(13)
	30-99	81.8	9.1	9.1			100(11)
	100-499	53.8	23.1	7.7		15.4	100(13)
	500 이상	44.4		44.4		11.1	100(9)
	규모유지율	51.43					
2:80~89년	0-9	73.1	15.4		5.8	5.8	100(52)
	10-29	55.6	27.8			16.7	100(18)
	30-99	52.2	8.7	21.7	4.3	13.0	100(23)
	100-499	88.9			11.1		100(9)
	500 이상	86.7	6.7			6.7	100(15)
	규모유지율	42.74					
3:90~97년	0-9	82.1	7.1		3.6	7.1	100(28)
	10-29	44.4	22.2	11.1	11.1	11.1	100(9)
	30-99	100.0					100(5)
	100-499	40.0	20.0		40.0		100(5)
	500 이상	50.0	50.0				100(2)
	규모유지율	55.1					

1.3.2 성별규모이동과 가치차별

규모 간 이동 경향을 요약해 보면 다음과 같다. 첫째, 여성들이 영세 기업에 집중되어 있다는 분포에 있어서의 특징이 영세 기업에서 그들이 보이는 높은 비율의 규모 유지율로 인해 보다 강화된 형태로 나타나고 있다. 둘째, 남성들은 전반적인 규모 유지율에 있어서는 여성들과 비슷하지만 그 구체적인 양상에 있어서 여성들과 다른 특징을 보이고 있다. 남성들의 경우도 9인 이하의 영세 기업의 규모는 이동 후에도 강하게 유지되는 경향이 있으나 여성들에 비하여 그 정도가 약하고 소규모보다는 대규모에서 유지율이 높게 나타나는 것을 알 수 있다. 셋째, 규모 이동의 방향에서 성에 따른 차이가 관찰된다. 자신이 이전에 근무하던 직장보다 큰 규모의 직장으로 이동한 비율을 계산하여 볼 때 모든 코호트에서 여성들은 남성들보다 적은 비율로 나타났다. 여성들은 분포상으로 소규모 기업에 집중되어 있는데 이러한 현상이 높게 유지되며 이전보다 큰 규모로 이동하는 것이 여성들에게 상대적으로 더 어렵다. 그러므로 규모로 인한 차별화는 이동 후에도 지속적으로 여성들의 노동여건을 규정하는 조건이 된다.

규모별 차이가 실제로 노동자들에게 어떠한 의미를 가지고 있는지를 확인하기 위해서 <표 20>에서는 평균적인 특성들을 확인하였다. 남성들은 확실히 대규모 기업에 다니는 사람들이 비슷한 경력의 노동자들보다 평균적으로 높은 임금을 받고 있으며 높은 수준의 부가 급부를 받는다. 또 대기업으로 갈수록 교육수준이 높은 근로자들이 많이 종사하고 있다는 것을 알 수 있다. 고용안정성은 대체로 기업의 규모가 커질수록 높아서 고용인 100-499인 기업에서 가장 높게 나타난다. 고용인 500인 이상의 대기업에 다니는 노동자들은 오히려 고용안정성이 낮은 것으로 나타나는데 이것은 그들이 평균적인 근속기간이 다른 집단에 비해 길어서 나타나는 현상으로 생각된다. 대기업의 피라미드 승진 체계에서는 근속기간이 길수록 더 이상의 경력을 기대할 수 있는 사람은 소수에 불과하기 때문이다.

여성들도 학력 수준이 보다 높은 사람들이 대기업에서 일하고 있으며 대기업으로 갈수록 높은 수준의 부가급부를 제공받고 있다. 반면에 소규모 기업에서 받는 평균적인 임금수준은 매우 낮다. 근속기간을 고려한다면 더욱 열악한 셈인데 고용인 9인 이하의 영세한 기업이 높은 근속기간에도 불구하고 가장 낮은 임금을 받고 있으며 그 다음으로 고용인 30인 이하의 소규모 기업에서도 낮은 임금을 받고 있다. 그러나 500인 이상의 대기업에서 여성들의 임금이 반드시 높은 것은 아니며 중간 정도의 규모(고용인 30-99, 고용인 100-499)에서 높은 임금을 받고 있는 것으로 나타난다. 여성들의 경우는 고용안정성도 중간 규모의 기업에 종사하는 이들이 대기업에 종사하는 이들보다 더 높은 것으로 나타난다.

남녀 모두의 경우에서 9인 이하의 영세기업에 종사하는 노동자들은 열악한 상황에서 노동을 하고 있음을 알 수 있다. 이들은 다른 집단들에 비해 장시간의 노동을 하고 있으나(남자 약 66시간, 여자 약 64시간) 남성들도 그다지 높지 않은 수익을 올리고 있으며 여성들은 오히려 낮은 수익을 올리고 있는 것을 알 수 있다. 혹자는 여성들이 영세기업이나 여성직에 집중되어 있는 현상은 가정일과 병행하기 위한 시간적 유동성을 확보하기 위한 전략에서 비롯되었다고 설명한다. 그러나 여성들이 집중된 영세기업에서 장시간 노동을 하고 있는 현상은 이러한 추측이 사실과 다를 가능성이 있다는 것을 보여준다. 영세기업에서는 고용안정성도 대기업에 비해 낮으며 부가 급부도 아주 적게 제공되고 있다. 그러나 여성들은 여전히 영세기업에 집중되어 있을 뿐만 아니라 직업 이동과정에서 이러한 분포가 강하게 유지되고 있다. 여성노동자들의 규모로 인한 불이익은 개인의 합리적 선택으로 완전히 설명할 수 없으며 개인의 힘으로 넘어서기 어려운 구조적 차원의 효과를 보여주고 있는 것이다.

<표 20> 규모별 성별 평균 노동시장 특성들

규 모	성	임 금** (만원)	노동시간 (시간)	교육수준* (1-4)	근속기간 (년)	노동경력 (년)	부가급부 (0-6)	고용안정성 (0-1)
영세기업 (0-9)	남	1793.87	65.69	2.01	9.27	17.54	1.33	.59
	여	1005.21	63.98	1.88	8.68	14.14	1.00	.52
소규모 (10-29)	남	1745.39	58.26	2.12	7.48	15.54	2.93	.59
	여	1131.25	49.77	2.28	6.79	10.14	2.79	.70
중규모 1 (30-99)	남	1859.19	54.93	2.37	7.78	15.47	3.65	.70
	여	1320.55	50.64	2.33	5.86	15.37	3.17	.79
중규모 2 (100-499)	남	1838.83	54.73	2.52	8.70	15.08	3.94	.84
	여	1317.86	48.46	2.48	5.03	9.35	3.52	.70
대규모 (500인 이상)	남	2080.43	52.38	2.69	9.37	13.04	4.99	.69
	여	1219.67	47.09	2.56	4.85	10.09	4.12	.66
전 체	남	1827.44	61.17	2.18	8.82	16.36	3.12	.66
	여	1061.55	60.08	2.01	7.95	13.38	2.28	.63

** 임금: 보너스, 수당, 세금을 포함한 연 평균 총수입(단위: 만원)
* 교육수준: 4점 척도
1) 중졸 이하 2) 고졸 3) 전문대 4) 대졸 이상

1.4 고용 지위의 이동

노동시장에 대한 많은 이론적 논의들은 자본-노동관계가 제도화된 피고용 부문에 집중되어왔다. 고용의 지위의 다양성과 연관된 문제들은 자주 논의에서 제외되어온 부분이었다. 더구나 성(sex)과 연관하여 고용의 지위가 어떤 의미를 가지고 있으며 성에 따라 고용 지위17)의 이동 경향이 어떻게 다른지에 대한 연구는 거의 없는 편이다.

---

17) 이 연구에서 사용하는 고용 지위는 노동자와 고용주와의 관계에 따라 정의된 개념으로 통계정보에서 일반적으로 사용되는 구분을 따랐다.

　고용 지위에 대한 본격적인 연구가 이루어지지 않은 데에는 피고용 부문과 다른 위치로서 자영 부문을 인정하지 않았던 이론적 배경이 작용했다. 자영업을 자본주의가 발전하면 소멸될 일시적(transitory)이고 주변부적인 위치로서 이해한다면(Todaro 1969; Harris and Todaro 1970; Harberger 1971) 자영업은 크게 중요하지 않을 수 있다.

　그러나 자영업은 자본주의의 발전에도 불구하고 지속적인(persistent) 역할을 하고 있다는 사실이 부각되어왔다(Portes and Benton 1984; Portes et al. 1989). 미국, 영국, 그리고 일본 등에서 자영업자들의 비중은 산업화의 진전에도 불구하고 증가하고 있으며 다른 산업국가들에서도 자영업은 안정적이며 소멸되지 않고 있다(Steinmetz and Wright 1989). 우리나라 노동시장에서 자영업자들이 차지하는 비중은 1996년에 27.9%, 1997년에 28.3%, 1998년에 28.8%로 결코 작지 않은 비중을 차지하고 있으며 그 비중이 오히려 증가하는 추세에 있다.

　이렇게 볼 때 피고용 부문과 다른 위치로서 고용주, 자영업자, 가족종사자들은 중요한 의미를 가지고 있다. 피고용 부문에서 다른 고용 지위로의 이동은 어떠한 다른 구조적 속성의 변화보다 노동자들 개인에게 큰 변화를 초래하는 이동일 것이다. 고용 위치에 따라 노동 상황이나 조건들은 크게 변화한다.

　이 장에서는 경력이동에서 나타나는 고용 지위변화라는 구조적 유형에 관심을 국한하기로 한다. 자영업의 특성을 정확히 파악하기 위해서는 자본의 규모, 기술의 정도, 노동경력 등 피고용 부문과는 다른 제반 요소들을 파악하는 것이 필요하다. 그러나 본 자료는 이와 같은 요인들에 대한 정보를 이용하는 것이 가능하지 않으므로 고용 지위 변화만을 우선 살펴보기로 한다. 이 때 고용 지위는 고용주, 자영업자, 가족종사, 사기업 피고용, 공기업 피고용의 다섯 개의 범주로 나눠 살펴보았다.

　고용 지위의 세부저인 구분에 대한 설명은 59쪽 참조.

1.4.1 성별 고용 지위의 이동

경력이동과정에서 고용 지위는 성별로 가장 다르게 변화하는 구조적 양상중 하나이다. 남성과 여성의 이동 유형[18]은 전반적인 범주 유지율에서부터 차이가 나타난다. 경력이동의 과정에서 남성이 자신의 고용 지위를 유지하는 비율은 여성들에 비해 상대적으로 높다. 바꾸어 말하면 여성들의 경우 고용 지위를 보다 빈번하게 전환한다는 것을 의미한다. 따라서 여성들의 경력이동 변화를 분석하는 데에서 고용 지위 변화는 더욱 중요한 의미를 가지고 있다. <표 21>부터 <표 24>까지는 이러한 이동의 경향을 구체적으로 분석한 결과를 제시하고 있다.

고용주 혹은 자영업자로서 경제활동에 참가하는 것은 노동시장에 처음으로 진입하는 신참자들보다 노동시장에서 일정한 경험을 쌓은 고연령층 노동자들이 피고용 부문에서 노동하는 것에 대해 가지는 대안(alternatives)으로 선택된 경우가 많다. 따라서 연령층이 제일 높은 제1코호트에서는 피고용을 제외한 부문으로의 이동이 가장 강하게 나타난다. 먼저 남자의 경우를 살펴보면 피고용직에서 고용주가 되어 사업을 경영하기 시작한 경우가 전체 중 15.81%, 자영주가 된 경우가 32.26%이다. 고용주로 고용 지위를 바꾼 경우는 사기업에 다녔거나(17.3%) 가족종사자로 있던 노동자들의 경우(18.5%)가 많다. 자영업자로 유출되는 경우는 다른 고용 지위로부터 고르게 분포하고 있는 것으로 보아 자영업이 노년기에 중요한 선택대안이

---

18) 결혼한 여성들의 고용 지위 이동은 미혼 여성들과 다를 가능성이 높다. 그러나 기혼 여성들만 따로 분석한 결과를 살펴보았더니 이전 직업에서 사기업에 피고용 된 노동자들에게서만 체계적인 차이가 발견될 뿐 대체적인 경향은 비슷하였다. 미혼의 여성들이 포함되어 있는 제2코호트와 제3코호트에서 분포상의 차이들이 발견되었는데 특히 미혼여성이 다수를 이루고 있는 제3코호트에서 사기업에 피고용 된 지위를 유지하는 노동자들의 수가 현격하게 줄어들었다. 이러한 결과로 미루어 볼 때 사기업에 피고용 된 지위를 지속적으로 유지하는 층은 젊은 미혼의 여성들이 주를 이루고 있다는 사실을 알 수 있다.

되고 있다는 사실을 미루어 짐작할 수 있다. 남성들의 경우 가족종사의 형태로 일을 하던 사람들은 대부분 다른 고용 지위로 이동을 하였는데 가장 높은 비율을 차지하는 경우가 자영업자가 된 경우로 37.0%이다. 현재 가족종사라는 고용 지위를 유지하는 경우는 전혀 없고 다른 고용 지위로부터 가족종사자로 이동한 경우도 사기업에서 유출된 단 2명의 경우(0.65%)뿐인데 이들이 현재 가족종사자로 경제활동을 하고 있는 극소수의 사례이다. 또한 피고용직 내에서도 편향된 이동경향이 나타난다. 공기업에서 사기업으로 이동을 하는 경우는 많지만 반대의 경우는 흔하지 않다.

같은 직업 코호트에 속하는 여성들은 남성들과 다른 이동경향을 나타낸다. 특히 피고용에서 다른 고용 지위로 이동하는 양상은 성별로 독특한 특징을 드러낸다. 여성들의 경우는 피고용직에 있다가 고용주가 된 경우는 4.35%로 극히 드물다. 자영업자가 된 경우도 남성들보다 적어서 23.19%이다. 반면에 가족종사자가 된 경우는 43.48%로 거의 절반에 해당한다. 나이든 여성들에게 있어서 가족사업으로 고용 지위를 바꾸는 이동은 모든 고용 지위로부터 가족종사로 유출되는 비율로 볼 때 보편적이다. 또한 현재의 직업이 가족종사인 노동자들 중 이전의 직업도 가족종사자이었던 경우는 86.7%로 가족종사는 가장 높은 유지율을 보이고 있는 고용 지위이다. 특히 가족종사라는 고용 지위는 남성들의 경우와는 대조적으로 여성들의 경제활동참가의 독특한 특징을 나타내는 부분이다.

제2코호트에서도 남성들의 이동 유형은 유사한 경향을 보이는데 다만 고용주나 자영업자가 되는 경우가 제1코호트에 비해 적다. 남성들의 경우 피고용직에서 고용주로 고용 지위 이동을 하는 경우가 10.68%, 자영업자가 되는 경우가 21.04%이다. 제2코호트에 속하는 노동자들은 30대 중반의 연령층에 속하므로 피고용직에서 한창 일할 나이이다. 이러한 사실을 반영하여 제2코호트에서 현재 고용 지위가 피고용직에 속하는 남성들은 공기업이나 사기업 모두 이동 후에도 피고용 된 지위를 그대로 유지하는 경우가 제1코호트에 속하는 남성들에 비해 현저히 많다. 제1코호트와 마찬가지로 공기업에서 사기업으로 이동하는 비율이 사기업에서 공기업으로 이동하는 경우보다 많다. 그러나 코호트에 따라 정도의 차이가 나타난다. 제1코호트에서는 사기업에서 공기업으로 가는 비율이 5.5%로 현저히 낮고 제2코호트에서는 이 비율이 13.7%로 상대적으로 높다. 반면에 공기업에서 사기업으로 이동하는 비율은 제1코호트의 경우가 더 높게 나타나고 있다. 제2코호트의 전반적인 고용 지위유지율은 제1코호트에 비해 높은 47.38%이다. 보다 자세히 지위유지율을 살펴보면 고용주나 자영주의 경우는 제1코호트가, 사기업이나 공기업과 같은 피고용 부문에서는 제2코호트가 지위유지율이 높게 나타나고 있다는 것을 알 수 있다. 그리고 이 시기에는 모든 고용 지위로부터 사기업에 피고용 되는 지위로 유출되는 경우가 고르게 많이 나타나고 있다. 다른 남성코호트의 이동양상에서 나타난 바와 같이 가족 종사자로 이동하는 경우는 극소수에 불과하다. 이러한 사실로 미루어 볼 때 제2코호트에 속하는 노동자들은 피고용 부문 노동자들의 핵이 되고 있다는 사실을 알 수 있다.

여성들의 경우도 제2코호트는 피고용직으로 종사하는 노동자들의 비중이 높은 시기로 남성들과 많은 특징들을 공유하고 있다(83.5%). 공기업과 사기업에서 피고용이라는 지위를 유지하는 비율이 제1코호트에 속하는 여성들에 비해 높다. 남성들과 마찬가지로 대부분의 고용 지위 이동이 사기업으로 집중되어 있다. 공기업에서 사기업으로는 활발히 이동하지만 반대의 경우는 적다. 그러나 남녀별 이동의 양상에서 정도의 차이가 나타난다. 여성들의 경우는 공기업에서 사기업으로 이동하는 비율이 같은 코호트의 남성들에 비해 높으며 사기업에서 공기업으로 이동하는 비율은 남성들의 경우가 상대적으로 많다. 보다 근본적으로 차이가 나타나는 부분은 피고용 부문에서 다른 부문으로의 이동양상이다. 제2코호트에 속하는 여성들의 경우 이전에 피고용직에 종사하던 사람 중 고용주가 된 사람들은 5.21%에 불과하며 자영업자가 된 사람들은 15.63%이다. 여성들은 남성들과 비교해볼 때 이전에 피고용 되어 있다가 가족 종사자로 전환한 경우가 여전히 많지만(28,13%) 제1코호트에 속하는 여성들에 비해서는 아주 적은 수준이다. 여성들의 경우 전반적인 고용 지위 유지율은 남성들보다 적어서 40.87%이다. 결혼 혹은 출산으로 인한 가정상의 여건이 변화함에 따라 여성들의 경우는 남성들처럼 고용 지위를 고수하기 어려운 형편을 반영한 결과라는 추측이 가능하다. 결혼, 출산, 양육과 관계된 생애사건들로 인해 여성들에게 있어서 이 시기는 가장 경제활동 참여율이 저조한 시기이기도 하다.[19]

---

19) 제3코호트에 속하는 노동자들은 남녀 모두 사기업 외에는 사례수가 지극히 적으므로 따로 설명을 제시하지 않기로 한다.

<표 21> 남성노동자의 직업코호트별 고용 지위의 이동: N＝1020

직업코호트	이전직＼현직	고용주	자영업자	사기업	공기업	가족종사	%(N)
1: ～79년	고용주	34.0	30.0	34.0	2.0		100(50)
	자영업자	6.3	55.0	30.6	8.1		100(111)
	사기업	17.3	33.2	43.2	5.5	.7	100(271)
	공기업	5.1	25.6	30.8	38.5		100(39)
	가족종사	18.5	37.0	22.2	22.2		100(27)
	지위유지율	42.17					
2:80～89년	고용주	20.0	25.0	45.0	10.0		100(20)
	자영업자	3.0	42.4	42.4	12.1		100(33)
	사기업	10.9	20.8	52.8	13.7	1.8	100(284)
	공기업	8.0	24.0	24.0	44.0		100(25)
	가족종사	10.0	15.0	45.0	20.0	10.0	100(20)
	지위유지율	47.38					
3:90～97년	고용주	50.0	25.0		25.0		100(4)
	자영업자		28.6	57.1	14.3		100(7)
	사기업	5.0	8.4	76.5	9.2	.8	100(119)
	공기업				100		100(4)
	가족종사						
	지위유지율	73.88					

단위: %

<표 22> 남성노동자들의 피고용으로부터 고용 지위 이동

직업코호트	고용주	자영업자	가족종사	피고용	전체(n)
1: ～79년	15.81	32.26	0.65	51.29	100(310)
2:80～89년	10.68	21.04	1.62	66.67	100(309)
3:90～97년	4.88	8.13	0.81	86.18	100(123)

단위: %

<표 23> 여성노동자의 직업코호트별 고용 지위의 이동: N=277

직업코호트 \ 현직 이전직		고용주	자영업자	사기업	공기업	가족종사	%(N)
1: ~79년	고용주	14.3	28.6			57.1	100(7)
	자영업자	5.9	23.5	29.4		41.2	100(17)
	사기업	4.7	23.4	28.1	3.1	40.6	100(64)
	공기업		20.0			80.0	100(5)
	가족종사		6.7	6.7		86.7	100(15)
	지위유지율	33.33					
2:80~89년	고용주			60.0	20.0	20.0	100(5)
	자영업자		40.0	60.0			100(10)
	사기업	5.7	17.0	43.2	4.5	29.5	100(88)
	공기업			37.5	50.0	12.5	100(8)
	가족종사		25.0	50.0		25.0	100(4)
	지위유지율	40.87					
3:90~97년	고용주		25.0	75.0			100(4)
	자영업자	20.0	20.0	60.0			100(5)
	사기업	5.3	10.5	52.6	7.9	23.7	100(38)
	공기업	20.0		40.0	20.0	20.0	100(5)
	가족종사			50.0		50.0	100(2)
	지위유지율	42.59					

단위: %

<표 24> 여성노동자들의 피고용으로부터 고용 지위 이동

직업코호트	고용주	자영업자	가족종사	피고용	전체(n)
1: ~79년	4.35	23.19	43.48	28.99	100(69)
2:80~89년	5.21	15.63	28.13	51.04	100(96)
3:90~97년	6.98	9.30	23.26	60.47	100(43)

단위: %

1.4.2 성별고용 지위 이동과 가치차별

남성들과 여성들은 고용 지위의 이동 유형에 있어서 많은 차이를 나타내고 있다. 노동시장에 대한 많은 연구들은 피고용 부문에 한하여 여성과 남성의 문제를 논의하고 있다는 점에서 제한적이다. 분석결과 고용 지위의 이동유형으로 볼 때 남녀의 차이는 피고용 부문 이외의 영역으로의 이동에서 더욱 뚜렷하게 나타나고 있다는 것을 알 수 있었다. 따라서 고용 지위를 포괄하는 보다 더 넓은 경제적 맥락에서 여성들이 처한 노동 여건이 어떻게 다른지를 조명하는 분석은 성별차이를 연구하는데 중요한 함의를 가지고 있다는 점을 확인할 수 있었다.

고용 지위의 이동에서 두드러지게 나타나는 성별 특징은 다음과 같다; 첫째, 피고용 부문 이외의 영역으로의 이동양상에서 성별로 차이가 나타나고 있다. 여성들의 경우 가족종사자로의 이동이 모든 코호트에 걸쳐 높은 비율을 보이고 있다. 특히 제1코호트에서는 피고용 되어 일하던 여성 노동자들의 절반에 가까운 43.48%의 노동자들이 가족종사로 전환하였다는 점이 특징적이다. 반면에 남성들의 경우는 가족종사자로 이동하는 비율이 매우 낮다. 가족과 노동시장과 연관된 성별 위치 차이로 인해서 여성들에게 주어진 선택지도 다른 것이다. 여성들은 노년이 되어도 고용주가 되는 경우는 매우 드물고 자영업자가 되는 경우도 남성들보다 적다. 반면에 피고용된 남성노동자들의 경우 노년기에 접어들어 전환하는 대안으로 고용주와 자영업자의 비율이 상대적으로 높다.

둘째, 피고용 부문 내에 속하는 사기업과 공기업간의 이동에서도 성별로 다른 특징을 보인다. 공기업과 사기업간 양방향 이동에서 나타나는 전반적인 특징은 공기업에서 사기업으로의 이동이 반대의 경우보다 활발하게 일어난다는 점이다[20]. 여성들의 경우는 남성들에 비해 공기업에서 사기업으로 이동하는 비율이 높다. 그러나 사기업에서 공기업으로 이동하는 비율은 남성들의 경우가 보다 높다. 특히 여성들에게 있어서 사기업으로부터 공기업으로의 이동은 아주 드문 경우이다. 또한 고연령층이 속하는 제1코호트에서 여성 노동자들은 공기업에서 사기업으로 이동하는 경우는 없는데 남성노동자들은 여전히 활발히 이동하고 있다는 점은 흥미롭다. 다른 고용 지위로부터도 남성들은 고연령층에서도 사기업으로의 이동이 여전히 활발한데 반해 고연령층에 속하는 여성들은 제2코호트나 제3코호트에 비해 타 고용 지위로부터 사기업으로 유입된 비율이 현저하게 떨어지고 있다. 이러한 사실은 사기업에서 고연령층 여성에 대한 차별로 인해 이동의 기회 자체가 구조적으로 제공되지 않아서 생긴 결과일 가능성이 크다.

셋째, 여성들의 경력이동에서 고용 지위는 상대적으로 자주 변화한다. 남성들의 경우는 같은 코호트에 속하는 여성노동자들보다 고용 지위 유지율이 높다. 고 연령층에 속하는 제1코호트에서 사기업에 지속적으로 피고용 된 지위를 유지하는 여성노동자들의 비율(28.1%)은 남성노동자들의 비율(43.2%)에 비해 크게 낮다. 제1코호트에 속하는 남성노동자들은 젊은 노동자들에 비해 피고용 부문에서의 지위유지율은 보다 낮아지고 여타 고용 지위에서는 유지율이 높게 나타나고 있다. 그러나 같은 코호트에 속하는 여성 노동자들은 가족종사자로서의 지위만이 높은 비율(86.7%)로 유지되고 다른 범주에서 지위유지율은 낮게 나타나고 있다. 여성노동자들은 전반적으로 고용지위를 자주 바꾸는 이동경향을 나타내고 있다. 따라서

---

20) 사기업에 근무하는 노동자들에 비해 공기업에 근무하는 노동자들의 절대 숫자가 적다. 수적으로 적은 공기업 노동자들의 이동현상을 파악하는 데에는 주의가 필요하다. 사기업에서 공기업으로 이동하는 비율이 낮은 것은 부분적으로 이러한 분포상의 차이에서 올 수 있다. 그러나 같은 조건하에서 남녀별로 다르게 나타나는 이동양상은 분포상의 차이로만 설명될 수 없을 것이다.

여성노동자들의 이동에서 고용 지위는 이동으로 인한 변화를 포착하는데 보다 중요한 의미를 가지고 있다.

<표 25>에서 각 고용 지위들의 기본적인 특징들을 살펴보았다. 고용주, 자영업자, 가족종사자는 모두 피고용 부문에 종사하는 노동자들에 비해 장시간의 노동을 하고 있다는 점이 특징적이다. 특히 여성들이 높은 비율을 차지하는 이들 부문에서 이렇게 노동시간이 길다는 사실은 가정일과 병행하기 위한 대안으로 가족종사를 택한다는 주장에 의문을 제기하는 부분이다. 고용주, 자영업자, 가족종사자는 피고용 부문보다 시간적 유동성을 가질 수는 있을지라도 전반적인 장시간 노동으로 인해 아주 제한적으로 시간을 이용할 수 있을 뿐이다. 피고용 부문 이외의 영역에서 나타나는 이러한 특징들은 여성들의 선택이 반드시 그들 스스로 원해서 선택하는 자발적 것인가를 다시 생각하게 한다. 오히려 여성들의 노동 이동 형태의 특징들은 피고용 부문에서의 보이지 않는 장벽에 대한 나름대로의 적응일 수 있다. 혹은 가족 단위의 경제 전략에 의해서 남편 혹은 집안일을 도와야 할 의무에서 비롯된 어쩔 수 없는 선택일 수 있다.

피고용이 아닌 다른 고용 지위 중에서 가장 소득이 높은 집단은 고용주이다. 여성들의 경우 고용주가 되는 경우는 아주 드문 경우이다. 남성들의 경우 고용주와 자영업자는 노동경력이 일정 수준 이상되고 나이가 많은 사람들이 속한다. 여성의 경우도 이들 층에 평균적으로 노동경력을 더 많이 쌓은 사람들이 속하지만 여성들의 평균 연령은 남성들에 비해 상대적으로 낮다. 노동시장에서 일정 정도 경력을 쌓은 후 특정 기술을 가지고 개업한 경우가 많은 것으로 생각되는 이들 층은 장시간의 노동 시간을 특징으로 하고 있으며 사기업에 다니는 노동자들에 비해 남녀 모두 높은 수익을 올리고 있다.

여성들의 경우 노동경력이나 근속기간이 가장 긴 고용 지위는 가족종사이다. 그런데 가족 종사는 남녀 공통적으로 가장 많은 시간

114

노동을 함에도 불구하고 가장 적은 보수를 받는 고용 지위이다. 그
럼에도 불구하고 여성들의 직업 이동에서 가족종사자로의 이동이
특징적인 양상이었던 것으로 볼 때 여성은 경력과 수익을 추구하는
남성들과는 다른 전략에 따라 경력이동을 한다는 점을 알 수 있다.
　한편 피고용 부문 내에서는 공기업과 사기업이 제도적으로 다른
노동 조건을 가지고 있는 중요한 범주이다. 남녀 공통적으로 공기업
에 종사하는 집단의 임금은 고용주를 제외하면 가장 높다. 이들은
노동 시간이 가장 짧기 때문에 시간당 임금은 보다 높을 것이다. 남
성과 여성 모두 공기업에 다니는 노동자들이 평균 교육 수준에 있
어서도 가장 높다. 공기업에 다니는 여성들은 비율적으로 아주 소수
이며 사기업에서 공기업으로 이동하는 것은 아주 드문 경우이다. 결
국 고용 이동을 통해 본 여성들의 이동유형에서 나타나는 특징들은
경제적인 관점으로만 합리적으로 설명하기 어려우며 그들이 처한
복합적인 상황에 대한 고려를 통해서 이해하는 것이 필요하다.

<표 25> 고용 지위별 성별 평균 노동시장 특성들

규 모	성	임 금 (만원)	노동시간 (시간)	교육수준* (1-4)	근속기간 (년)	노동경력 (년)	연령 (세)	N
고용주	남	2556.44	63.03	2.35	8.81	17.51	41.71	128
	여	1861.51	63.70	2.24	7.45	12.02	35.95	13
자영업자	남	1754.18	68.68	1.87	11.17	20.30	43.20	291
	여	1358.37	70.43	1.80	7.71	14.76	39.33	50
사기업	남	1680.19	58.63	2.18	7.07	14.31	37.94	469
	여	1141.94	52.44	2.14	4.32	9.95	36.10	106
공기업	남	1871.74	51.23	2.70	10.02	14.18	38.73	122
	여	1783.85	46.91	3.22	6.62	8.86	32.23	16
가 족	남	900.00	67.10	2.20	7.10	9.00	33.20	10
	여	548.55	65.19	1.71	12.62	17.80	40.72	92

** 임금: 보너스, 수당, 세금을 포함한 연 평균 총 수입(단위: 만원)
* 교육수준: 4점 척도
1) 중졸 이하 2) 고졸 3) 전문대 4) 대졸 이상

2. 취업주기에 대한 동태적 분석

　우리나라에서 직업 이동에 대한 경험적 연구가 본격적으로 결실을 맺은 것은 최근에 들어와서이다(방하남, 이성균 1996; 조돈문 1994; 신광영 1994; 차종천 1988; 차종천 1991). 계급론적 관점에서 사회경제적 위치를 나타내는 직업의 변화를 심도 있게 다뤄온 일련의 연구경향들(Erickson et al. 1982; Hauser and Grusky 1988)과 맥락을 같이 하는 것이다. 이들 연구들은 계급이라는 특정한 초점을 가지고 두 개의 단일 시점에서 경력이동의 변화를 추적하여 다양한 모델을 구성하고 계급이동성을 나타내는 지표로시 직업 이동 유형에 대한 분석을 하고 있다.

　지금까지 행해진 사회이동에 관한 연구들은 부모와 자식 간에 직업 이동을 다루는 세대간 변화에 대한 분석과 개인들의 직업 이동에 관한 세대 내 분석의 두 가지 방향에서 이뤄지고 있다. 직업이 세대 간에 어떻게 전승되며 경력이동의 과정에서 어떻게 유지, 전환되는가 하는 문제는 계급이동성을 나타내는 중요한 지표가 된다. 그들의 설명에서 특히 주목할 만한 성과는 전체 이동률을 구조이동(structural mobility)과 호환이동(exchange mobility)으로 세분하는 설명방식이다. 전체 이동률 중 구조이동은 산업 및 직업구조의 변동에 의한 계급이동으로서 국가간 차이를 나타내는 부분이고 호환이동은 구조이동이 통제된 상태에서 기점과 종점 계급사이에서 이뤄지는 계급이동으로서 국가 내적인 변화를 의미한다. 각 국가의 구조적 차이를 고려한 상태에서 고유한 사회이동의 체계를 비교하는 것은 관찰되는 이동성이 국가단위의 경제구조변동에 따른 구조이동인지 사회내의 계급 간의 호환이동인지를 밝혀줌으로써 이동에 대한 중요한 정보를 제공한다(Ishida, Goldthorpe, and Erickson 1991;

116

Sobel, Hout, and Duncan 1985). 이들 연구와 관련하여 사용되고 있는 대수선형 모델(log-linear model)을 이용한 분석모형은 방법론적으로도 상당히 정교화 되고 발전되고 있는 부분이다.

이러한 유용한 장점에도 불구하고 기존 사회이동에 관한 분석들은 몇 가지 점에서 제한적이다. 첫째, 분석의 대상이 되는 단일 시점21)에서의 경력변화만을 비교하기 때문에 시간에 따른 동태적인 변화의 양상을 충분히 반영하고 있지 않다. 기점과 종점 사이에 일어나는 직업변화에 대한 정보는 활용되지 못한다. 경력이동은 직업을 계속하는 한 지속적으로 변화가 일어나는 영역이다. 어떤 한 시점에서 관찰된 개인의 직업 이동 유형변화는 분석의 시점을 달리하면 전혀 달리 나타날 수 있다. 부모와 자녀의 세대간 계급이동이나 개인의 경력이동 모두 비교되는 시점에 따라 다른 결과를 나타낸다. 우리가 알고자 하는 경력이동변화유형이 어떤 한 시점에 한정적인 분석결과가 아니라 개인들의 경력이동의 동태적 변화과정을 추적하는 것이라면 계속되는 변화의 과정을 반영하는 새로운 분석방법이 필요하다. 둘째, 직업의 유형변화에 대한 분석에서 직업의 지속기간은 고려되고 있지 않다. 개인의 경력이동의 과정에서 어떤 직업으로 이동하였는가 하는 유형변화의 문제와 더불어 중요한 문제는 그 직업을 얼마나 지속하였는가 하는 기간(duration)의 문제이다. 1년 단위의 단기적인 직업탐색과정에서 겪는 경력 변화의 의미와 10년 이상 한 직업을 고수하다가 다른 직업으로 전환한 경력변화의 의미는 다를 것이다.

사건사 분석(event history analysis)은 이러한 한계점을 극복하고 직업 이동에 대한 보다 적절한 분석을 가능하게 하는 방법이다. 첫째, 개인 직업들이 변화하는 다양한 궤적(trajectory)을 고려할 수 있다.

---

21) 정확히 말하면 기점이 되는 직업과 종점이 되는 직업 간의 변화만을 측정하여 두 개의 시점을 비교하는 것이다.

개인들의 직업은 평생을 두고 변화하여 경력궤적(career trajectory)을 구성한다. 경력이동의 분석은 어느 한 시점에 대한 한정적인 분석에서 나아가 시간의 축에 따른 다양한 변화의 양상을 동태적으로 분석하는 것을 가능하게 한다. 둘째, 각 직업의 지속 기간(duration)을 분석에 포함할 수 있다. 각 직업을 어느 정도 지속하는가에 따라 그 직업이 개인의 경력이동에서 차지하는 비중은 다를 것이다. 특히 성차별을 합리화하는 논리 중 하나가 성에 따른 직업지속기간의 차이라는 점을 고려하면 직업의 지속기간에 대한 고려는 중요한 함의를 가지고 있다. 셋째, 동태적인 변화를 유발하는 다양한 요인들을 고려하여 직업 이동의 원인을 설명할 수 있다. 특히 시간에 따라 효과가 변화하는 요인들을 설명에 도입함으로써 개인들의 변화하는 상태를 반영할 수 있으므로 본격적으로 동태적인 설명을 하는 것이 가능하다. 여성들의 경우는 생애주기적 사건들로 인해 경제활동참여가 크게 영향을 받는다. 여성들의 경력이동은 특히 복잡하고 불연속적인 경우가 많으므로 다양한 주기(spell)를 고려한 동태적 분석이 필요하다. 사건사 분석을 사용하면 생애주기의 단계에 따른 변화를 분석에 효과적으로 포함할 수 있다. 또한 어떤 요인의 효과가 시간에 따라 변화한다면 시간에 따른 변이를 포함한 모델로 이를 적절히 분석에 포함시킬 수 있다.

이 장에서는 기존의 연구들에서 다뤄지지 않은 시간문제를 적절히 고려하고 앞서 논의된 경력이동의 유형변화 분석에 대한 보완작업으로 취업의 지속기간과 다양한 궤적을 분석하는 사건사 분석(event history analysis)을 하기로 한다. 직업 이동에 관한 동태적 변화를 분석하기 위해서는 다양한 모델이 가능하겠지만 본 연구에서는 취업의 지속기간에 관한 사건사 분석에 한하기로 한다22). 근

---

22) 취업주기와 비취업주기간 전환, 고용 지위 간 전환에 대한 사건사 분석
   은 이재열 교수(1999)에 의하여 동일한 자료를 이용하여 분석되었다.

속기간은 경제활동을 하는 여성들이 남성들과 다른 양상을 나타내는 대표적인 측면이며 여기서 나타나는 성별 차이는 노동시장에서 받는 성차별을 합리화하는데 자주 등장하는 설명논리 중 하나이다. 따라서 취업의 지속기간이 성별로 어떻게 다르게 나타나는지 그리고 취업기간을 설명하는 요인들의 효과가 성별로 어떻게 다르게 나타나는지를 살펴보는 것은 노동시장에서 나타나는 성별차이를 이해하는데 중요한 의미를 가지고 있는 문제이다.

노동시장에서 근속기간은 임금, 승급에 있어서 중요한 기준이다. 노동시장에 체류한 기간이 길다는 것은 그만큼 노동경험을 축적하였다는 것을 의미하는 중요한 인적 자본이다. 근속기간은 직업 특수적 기술이 있다고 인정될 경우 더 큰 의미를 부여받는다(Becker 1974; Althauser 1989). 또한 근속기간이 길면 잠재적인 보상수준과 실제적인 보상수준 간의 차이가 최소화 된다(Sørensen 1974)는 사실은 직업의 지속기간의 중요성을 시사하는 것이다. 근속기간이 긴 사람들은 상대적으로 직업전환의 확률이 낮게 나타난다. 어떤 직업을 가지는가 하는 문제와 더불어 그 직업을 얼마나 지속하였는가 하는 시간적 문제는 개인들의 노동경험에서 강조되어야 할 중요한 부분이다.

그러나 직업의 지속기간이라는 시간적 문제는 그 중요성에도 불구하고 주어진 특색으로 가정되어 자주 분석의 대상에서 제외되어 왔던 부분이다. 한 세대 내에서 직업 이동은 개인들의 경력을 구성한다. 이 때 경력은 몇 개의 직업들이 시간에 따라 연속적으로 배열된 것으로 이해할 수 있다. 많은 사람들이 경험하는 경력이동의 궤적에서 다양한 취업주기들이 나타난다. 성별 직업 분리의 문제가 직업의 유형에 있어서 나타나는 차이점들을 설명한다면 직업의 지속

이 부분에 대해서는 필요한 경우 기존 결과를 참조하기로 하고 본 연구에서는 취업주기의 지속기간에 대한 분석에 한정하기로 한다.

기간의 문제는 바로 그러한 직업들이 얼마나 지속되는지를 시간의 축에서 설명함으로써 또 다른 구조적 특색을 드러내는 부분이다.

2.1 분석 방법: 사건사 분석(event history analysis)

사건사 분석은 시간의 축에서 일어나는 일련의 변화들을 사건 (event)으로 정의하고 이러한 변화들이 일어나는 원인에 대하여 설명한다. 사건이라는 단어가 주는 뉘앙스처럼 이 때 고려되는 변화는 점진적인 것이라기보다는 급격한 변화들을 지칭한다. 예를 들면 노동시장과 관련된 중요한 사건으로서 승진, 해고, 은퇴, 전직(job changes) 등이 있다(Allison 1984).

사건들을 중심으로 개인들은 일련의 상태변화를 겪는다. 한 개인이 시점 t에서 시점 t+s 간에 관심의 대상이 되는 사건을 겪었다면 이 때 상태변화가 일어날 전환율 h(t)는 다음과 같다(Blossfeld and Rohwer 1995);

$$h(t) = \lim_{s \to 0} \frac{p_{jk}(t, t+s)}{s}$$

단, $P_{jk}(t, t+s)$: 시점 t에서 j 상태에 있던 사례가 시점 t+s에서 k 상태로 변화할 확률

이때 한 시점에서 개인이 사건을 경험할 순간적인 확률은 재해율 (hazard rate)이라 정의된다. 가장 널리 사용되는 사건사 분석방법 중 하나인 콕스 회귀분석에서 모든 독립변수가 시간에 독립적이라고 가정할 때 재해율은 다음과 같은 공식에 의해서 추정된다(Yamaguchi 1991).

$$h(t) = h_0(t)\, e^{\beta_1 x_1 + \dots + \beta_k x_k}$$

이때 재해율 h(t)는 기본재해율(baseline hazard rate) h0(t)와 비례하는 것으로 가정되는데 기본 재해율은 독립변수들에 따라 달라지지 않으며 시간에 따라서만 변화하는 값을 가지는 것으로 가정된다. x_k, ……, x_k의 조건하에서 기본 재해율에 대한 실제 재해율의 비율인 h(t)/h0(t)를 상대적 재해율(relative risk rate)이라 정의한다. 위에 제시된 식에서 상대적 재해율에 대해 자연대수를 취하면 그 값은 $\beta_1 x_1 + \dots + \beta_k x_k$이 된다. 이때 상대적 재해율은 모든 x의 값이 0이라고 가정할 때의 가상적인 값에 대해서 x_1, ……, x_k 값을 가지는 실제 관찰값이 가지는 상대적 재해율이 된다. 콕스 회귀분석은 상대적 재해율에 자연대수를 취한 값을 설명하는 회귀계수들인 β_1, ……, β_k를 추정한다. 우리가 직접적으로 관심을 가지고 있는 것은 자연대수를 취하기 이전의 상대적 재해율 자체의 변화이므로 때로 회귀계수 대신에 H-ratio(혹은 exp(B))를 제시하기도 한다.

2.2 취업주기

하나의 상태에서 머문 기간을 주기(spell)라 정의할 때 노동시장에서의 사건들을 중심으로 다양한 주기들이 관찰된다. 직업 이동에 대한 사건사 분석에서 가장 많이 다루는 주기는 취업주기, 비취업주기이다. 본 연구에서는 취업주기에 관심을 한정하고 취업 지속기간(duration)을 종속변수로 하는 콕스회귀분석(Cox regression analysis)을 한다.

직업 이동에 관한 종단적 자료(longitudinal data)에서 관찰된 취업주기는 전체 6638개 중 남성이 3852개, 여성이 2786개이다. 취업기간의 종료시점을 사건(event)으로 정의하면 현재 직업을 계속 유지하고 있는 경우는 그 직업이 언제 종료될지 알 수 없으므로 우측 관찰중단(right censoring)에 속한다. 여성의 경우는 33.2%인 1732개, 남성의 경우는 42.1%인 2037개가 우측 관찰중단에 속한다.

<표 26>은 관찰된 시점까지 개인별로 경험한 직업횟수를 정리한 것이다. 한번도 일을 해본 적이 없는 333명(9.4%)을 제외하고 3201명(90.6%)에 대하여 취업주기를 살펴보았는데 해당되는 남자는 1749명(97.7%)이고 여자는 1452명(83.3%)이다. 취업주기는 최소 1개에서 최대 8개까지 분포하고 평균 취업주기는 1.96이다. 성별로 보면 남성들은 여성들보다 평균 취업주기의 숫자가 많은 것으로 나타난다(남자 2.21개, 여자 1.67).

<표 26> 개인별 취업주기의 분포

주기 횟수	남 성		여 성	
	사례수	%	사례수	%
1	555	31.7	786	54.1
2	623	35.6	455	31.3
3	354	20.2	148	10.2
4	140	8.0	46	3.2
5	47	2.7	10	.7
6	15	.9	4	.3
7	8	.5	2	.1
8	7	.4	1	.1
전 체	1749	100	1452	3201
평 균	2.21		1.67	

2.3 분석 모형

개인들의 노동시장 경험에서 취업주기는 단순히 시간적 장단(長短)의 의미이상이다. 시간적 지속성이 곧 노동시장에서의 위치와 연결이 되기 때문이다. 노동시장에서 겪는 남녀의 차이는 여성들의 취업에서 나타나는 짧은 주기라는 시간적 특징과 무관하지 않을 것이다. 개인들의 특성 외에도 직업에 따른 구조적 특성들이 성별로 다른 특색들이 나타나게 되는 원인일 것이다. 본 연구에서는 직업의 지속기간을 설명하는 요인이 되는 중요한 개인적 특성들과 직업 특성들을 고려하여 다음과 같이 모형을 구성하고 취업의 지속기간을 종속변수로 한 사건사 분석을 함으로써 시간성의 문제를 직접적으로 분석하고자 한다.

1) 개인적 특성들

연령은 가장 일반적으로 고려되는 시간 변수이다. 직업과 연관하여 연령이 가지는 의미는 한국의 노동시장에서는 좀 특별하다. 연장자에 대해 우대하는 연공제 전통이 있는 한국 조직 문화에서는 일반적으로 조직 내의 위계와 연령이 밀접하게 연관되어 있기 때문이다. 보수나 직급이 안정된 고연령층에서는 현재의 직업을 지속할 가능성이 높다.

또한 취업의 지속기간에 미치는 연령의 효과에 대한 다른 설명배경이 되는 것은 연령에 따라 직업 이동의 패턴이 다르다는 것이다. 청년기에는 자신에게 적절한 직업을 탐색하는 기간이므로 짧은 기간 동안에 여러 개의 직업을 경험한다(Neal 1999). 따라서 청년기에는 고 연령층에 비해 상대적으로 한 직업에서의 취업기간이 짧을 수 있다. 반면에 고 연령층으로 갈수록 자신의 적성에 맞는 직업을 찾고 안정기에 접어들었을 가능성이 높으므로 직업의 지속기간은 길 것이다. 그러나 연령층에 따라 다른 취업의 경향은 평생직장을 전제로 한 패턴변화이므로 단기적이고 일시적인 기간동안만 취업을 하는 경향이 강한 여성들의 경우는 남성들을 기준으로 한 일반화가 그대로 적용되는 것은 아닐 것이다.

여성들의 경우는 생애단계에 따라 경제활동에의 참여 자체가 크게 제한된다. 여성들의 취업유형에 대한 많은 연구들에서 공통적으로 지적되고 있는 것은 결혼[23]이라는 생애사건의 효과이다. 한국 여성들은 특히 결혼 시점에서 경제활동을 중단하는 경향이 강하다. 이러한 경향은 개인적인 선택일수도 있고 사회구조적 제약에 대한 반응일 수두 있다. 일단 비취업 상태에 접어들면 재취업으로 탈출하는 사례가 여성들에게는 극히 드물다(이재열 1999)는 것을 고려하면 생애단계로 인한 중단은 장기적으로 효과를 가질 수 있는 커다란 전환점이다.

취업 당시에 여성들이 처한 다양한 생애단계의 효과는 어떻게 나타나는가를 살펴보는 것은 여성노동을 이해하는데 흥미로운 관심거리이다. 기혼 상태에서 시작한 직업과 미혼 상태에서 시작한 직업이 지속기간에 있어서 어떻게 다른 양상을 나타낼 것인가. 기혼 상태에서 취업을 하였다는 것은 적어도 기혼이라는 사실이 회사 차원에서 받아들여졌다는 것을 의미하고 여성 스스로도 결혼과 관계없이 직업을 지속하겠다는 의지가 있을 가능성이 높다. 따라서 오히려 기혼 상태에서 시작한 직업을 오래 지속할 가능성이 클 것이다.

---

[23] 한국여성의 취업상태 전환시점을 결혼을 전후한 생애사건을 중심으로 보는 것이 타당하다. 한국여성은 결혼 후 1년 남짓한 기간 사이에 출산을 한다. 또 노동시장에서 퇴출하거나 고용 지위의 변화가 급격하게 일어나는 시기도 결혼을 전후로 한 시기이다. 자녀 출산의 시기를 거치면서 잔여적인 퇴출과 전환이 일어난다. 이러한 특징은 외국여성노동자들의 경우는 자녀의 출산시기를 전후로 보다 큰 변화를 겪는 것과 비견되는 독특한 특색이라 할 수 있겠다(한국여성개발원 1998).

124

어떤 직업을 얼마나 지속하는가 하는 문제는 그 직업을 언제 시작하였는가 하는 시점에 크게 영향을 받을 수 있는 문제이고 이러한 효과가 여성에게 상대적으로 크게 나타날 수 있다. 또한 결혼과 관련된 생애단계에 따라 다른 취업주기를 구성한다는 것은 결혼이라는 사건이 가지는 효과를 간접적으로 드러내 주는 것으로 해석될 수 있다.

한편 교육수준은 직업과 관련하여 그 중요성이 상당히 인정된 인적 자본이다. 중졸을 기준으로 할 때 고졸, 대졸에 대하여 학력수준별 차이를 가변수(dummy variables)의 형태로 고려하였다. 학력에 따라 취업주기가 달리 나타날 수 있다. 그리고 학력에 따른 차이를 통제한 후에도 다른 개별적 특성들이 취업주기에 미치는 영향력이 유효한지를 살펴보아야 한다.

이 밖에 직업과 연관되어 중요한 의미를 가지고 있는 개별 특성들 중 하나는 노동에 대한 지향성[24]이라는 주관적 태도이다. 노동에 대한 지향성은 노동공급의 측면에서 집단 내부에서 이질성을 설명하는데 중요한 변수로서 지적되고 있다(Hakim 1991). 여성 일반 혹은 남성 일반에 대하여 설명을 무차별적으로 적용하기보다는 각 성(sex) 집단 내에서 개인별로 나타나는 선호의 차이로 인하여 발생하는 차별성을 고려하는 것은 의미가 있다. 여성들의 경우도 일반적으로 가정된 바와는 달리 누구나 가정지향적인 성향을 가지는 것은 아니다. 개별적으로 다른 노동지향성은 취업의 지속기간을 다르게 하는 효과를 가질 것이다.

2) 직업의 구조적 특성들

---

24) 노동지향성은 '돈을 벌 필요가 없어도 나는 일하는 것을 즐길 수 있다'라는 항목에 대해 4점 척도로 동의정도를 측정한 것이다;
1) 전혀 그렇지 않다 2) 그렇지 않다 3) 그렇다 4) 매우 그렇다

직업은 노동시장에서 중요한 구조적 특성들 중 하나이다. 노동시장에 대한 구조적 설명 중 하나인 공석사슬이론에 의하면 직업은 노동시장에서의 기회를 결정하는 중요한 요인이다. 구조적 측면에서 보면 직업 이동은 개인들의 선택과는 별개로 직업에 따라 생기는 이동의 기회에 의해 결정된다. 기존의 직무에서 떠나는 사람들이 생기면 그 공석(vacancy)을 메우기 위해 다른 사람들이 그 자리를 채우게 된다(White 1971). 공석의 분포와 보상체계에 따라 직업이동이 달라진다면 직업의 지속기간 역시 직업의 구조적 특성들에 의해 영향을 받게 된다.

여성들의 경우 전문성을 인정받는 직업에 종사할수록 결혼 후에도 직업을 지속할 가능성이 높은 것으로 보고 되고 있다(한국여성개발원 1998). 생애단계로 인한 장애 효과는 직업의 성격에 따라 달리 나타날 것이다. 전문성이 강한 직업일 경우 기혼이라는 변화된 위치를 상쇄할 만한 기술의 소유가 완충효과를 가질 수 있다. 기혼여성을 배척하는 제도적 그리고 사회적 조건들도 노동시장의 구조적 영역들에서 다르게 나타날 수 있다.

또한 경력이동선 상에서 몇 번째 직업에 해당하는지에 따라 직업의 지속기간은 달리 나타날 것이다. 현재 몇 번째에 해당하는 직업을 가지고 있는가 하는 것은 직업의 또 다른 특성을 재는 지표가 될 수 있다. 직업에 따라 이동성이 다르다면 개인들의 직업 지속기간도 이에 영향을 받을 것이다. 직업의 이동횟수가 가지는 의미는 복합적이다. 잦은 이동을 나타내는 개인별 성향에서 비롯될 수도 있고 직업자체가 가지는 전문성, 이동성 등이 다른 데서 비롯될 수도 있다. 이동횟수가 다른 것에 대한 원인을 따지는 문제는 추후의 연구로 미루기로 하고 본 연구에서는 이동횟수가 직업 지속기간에 미치는 영향관계를 중심으로 살펴보기로 한다.

2.4 취업지속기간 결정요인

<그림 1>은 성별로 취업주기의 지속기간이 나타나는 전반적인 경향을 보기 위해 카플란—마이어 생존 분석(Kaplan-Meier survival analysis)을 한 것이다. 취업의 초기에 남성과 여성은 비슷한 정도의 생존율을 보이다가 일정한 시점(약 5년)이 지나면 남성들의 생존 수준이 비교적 높게 유지되는 반면 여성들의 생존수준은 급격히 떨어지는 차이를 보인다. 정년이 되어 남녀 모두 직업을 지속하기 어렵게 되는 시점 전까지 남녀의 생존 함수는 지속적으로 다른 패턴을 보여주고 있다.

<그림 1> 취업지속기간에 대한 카플란 마이어
생존함수

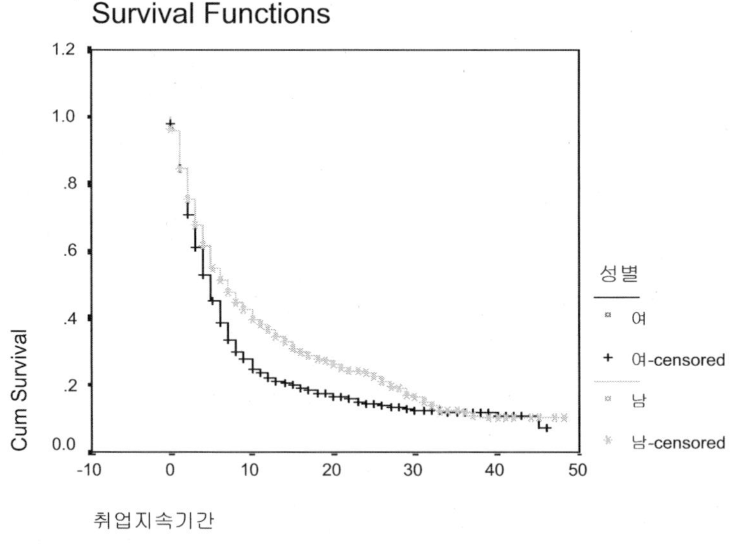

그렇다면 직업 지속기간에서 성별로 차이를 보이고 있는 현상은

구체적으로 어떠한 요인들에 의해서 설명되는지를 살펴보는 것이 필요하다. <표 27>은 직업 지속기간에 대하여 전체, 남성, 여성의 세 개의 집단에 대하여 실증한 사건사 분석결과이다. 앞서 설명된 대로 노동시장에서 중요한 의미를 가지고 있는 특성들을 중심으로 분석모형을 구성하여 콕스 회귀분석(Cox regression analysis)을 하였다. 많은 경우 우리가 관심을 가지고 있는 부분은 상대적 재해율이므로 b값 대신 H-ratio를 제시하였다. 상대적 해저드는 기준이 되는 기본 재해율에 대하여 사건이 일어날 전환확률을 나타낸다. 이 값이 1보다 높은 값을 나타내면 전환확률이 높은 것을 의미하고 1보다 낮은 값을 나타내면 전환확률이 낮은 것을 의미한다. 전환확률이 높다는 것은 바꿔 말하면 취업의 지속기간이 낮다는 것을 의미한다. 이 때 나타나는 상대적 해저드는 분석에 포함된 다른 모든 요인들을 통제한 상태에서 나타난 효과라는 점은 주지의 사실이다.

전체 집단에 대한 분석모델에서 노동지향성을 제외한 모든 요인들이 종속변수를 유의미하게 설명하는 효과를 나타내고 있다. 여성들은 남성들에 비해 짧은 기간동안 직업을 지속하고 있다는 패턴의 차이를 역시 확인할 수 있다. 연령이 높을수록 취업의 지속기간이 길며 기혼자가 상대적으로 오랜 기간동안 취업을 지속한다. 중졸자에 비하면 보다 교육수준이 높은 고졸자, 대졸자들이 직업전환을 할 확률이 높다. 여러 번 직업 이동을 한 사람들은 현재의 직업에서도 다른 직업으로 전환할 확률이 높은 것으로 나타난다. 단순노무직과 비교해 볼 때 전문/관리직이나 서비스직을 가진 사람들이 직업을 오래 지속하는 경향을 보인다.

전체적인 경향성에 대하여 구체적인 의미를 부여하기보다는 각각의 성별집단에 대한 비교를 해 보는 작업이 필요하다. 성별로 차별화된 사회적 상황은 취업주기를 결정하는데 영향을 미치는 요인들에 있어서 차이로 연결될 것이기 때문이다.

먼저 연령효과를 살펴보면 남성들의 경우는 나이가 많을수록 취업을 지속하는 경향이 유의미하게 나타나고 있는데 반해 여성들의 경우는 그 효과가 유의미하지 않다. 남성들은 일단 청년기에 직업 탐색기간을 마치고 나면 대체로 안정적인 직업 활동을 한다. 연공서열에서 위에 속하는 고연령층에서는 이직의 기회비용이 높다. 따라서 직업을 지속하는 경향이 상대적으로 고연령층에서 높게 나타난다고 해석할 수 있다. 남성들은 평생 직업 활동을 유지하는 것이 사회적으로 일반화되어 있는 반면 여성들은 아직까지 대다수가 취업활동을 장기적으로 지속하고 있지 않다. 더구나 여성들은 결혼장애(marriage bar)로 인해 연령이 높아질 때까지 직업 활동을 지속하고 있는 경우가 많지 않다. 따라서 여성들은 남성들과 비슷한 정도로 연령에 따른 안정이나 혜택을 받고 있다고 보기 어려우며 결과적으로 연령이 높을수록 이직에 따른 기회비용도 뚜렷하게 높지 않다. 연령효과가 가지는 의미는 이러한 맥락에서 성별로 서로 다르게 나타나고 있다고 해석할 수 있다.

둘째, 여성들에게는 생애사건들이 노동시장에서의 참여에 큰 영향을 미치고 있는 것으로 나타난다. 여성들은 결혼 후에 시작한 직업을 지속하는 정도가 남성들에 비해 상당히 높게 나타나고 있다. 뒤집어 말하면 여성들은 미혼인 상태에서 시작한 직업을 빨리 종료하는 경우가 많고 그 시점은 결혼과 밀접한 연관이 있다. 결혼장애(marriage bar)라는 구조적 제약요인이 경제활동 중단의 큰 원인 중 하나이다. 결혼 후에도 지속하는 직업은 대체로 그 직업의 성격상 기혼자가 받아들여진 경우라고 볼 수 있고 여성 스스로도 경제활동을 계속할 의사가 있는 경우이므로 보다 오랜 기간동안 직업을 지속한다.

셋째, 여성들의 경우는 경제활동을 하는데 자신의 선호(preferences)가 유의미한 영향을 끼친다. 남성들의 경우는 생계부양자(bread-winner)로 정형화(stereotyping)되어 있기 때문에 자신의 선호와 상관없이 경제활동을 지속하는 경향이 강하다. 반면에 여성들의 경우는 경제적 형편이 허락하는 한 경제활동여부를 어느 정도 선택할 수 있기 때문에 선호도가 직업의 지속기간에 영향을 미치고 있는 것으로 해석할 수 있다. 노동활동 자체를 즐기는 노동지향성이 높은 여성일수록 직업의 지속기간이 긴 것으로 나타난다.

넷째, 취업의 지속기간은 남녀 모두에게 있어서 직업의 구조적 조건에 따라 유의미하게 다르게 나타나고 있다. 직업의 종류에 따른 차이를 살펴보면 단순노무직에 비해서 모든 직업들이 긴 지속기간을 나타나고 있다. 여성들의 경우 상대적으로 가장 긴 지속기간을 보이는 두 가지 직업은 전문/관리직과 서비스직이고 남성들의 경우는 전문/관리직과 사무직이다 남녀 공히 전문/관리직은 취업을 오래 지속할 수 있는 전문적인 기술을 인정받는 직업이다. 서비스직은 여성들의 경우에 상대적으로 좀 더 오랜 기간동안 취업을 하고 있는 직업으로 나타나고 있다. 90년 이후 서비스산업의 발달로 인해 여성의 경제활동참여가 증가한 현상과 맥락이 닿는 결과이다. 기혼여성들의 경우는 결혼 후 재취업 통로로 서비스-판매직으로 유입되는 경우가 많아서 이 직종에서 취업주기를 오래 지속하는 현상은 기혼여성의 장기적인 취업과 연결되는 현상으로 이해될 수 있다.

다섯째, 직업의 구조적 조건을 나타내는 또 다른 요인은 취업횟수로 본 이동성이다. 이동성이 높은 노동자들의 경우 여성들이 남성들에 비해 보다 짧은 주기로 직업을 이동하고 있다는 사실을 알 수 있다. 여성들의 경우 상대적으로 불안정적이고 잦은 이동성을 보이는 2차 부문에 속한다(Doeringer and Piore 1971)고 할 때 그러한 직업구조의 일면이 나타나고 있는 현상으로 해석할 수 있다. 직업횟수가 높을수록 직업주기가 짧게 나타나는 현상은 단순히 개인 노동자들의 이동성향 때문이라기보다는 그들이 처한 구조적 조건과 연관된 복합적 결과로 해석하는 것이 보다 타당할 것이다.

<표 27> 취업주기에 대한 콕스회귀분석

독립 변수	전 체		남 성		여 성	
	H-ratio	S. E	H-ratio	S. E.	H-ratio	S. E.
성(남성기준)	1.462**	.036				
당시 연령	.975**	.004	.948**	.006	1.008	.005
생애단계(미혼기준)	.559**	.053	.756**	.066	.353**	.091
교육수준(중졸기준)						
고 졸	1.393**	.041	1.484**	.055	1.320**	.064
대졸 이상	1.387**	.058	1.442**	.078	1.374**	.092
취업횟수	1.100**	.023	1.070**	.031	1.243**	.035
노동지향성	.981	.026	1.013**	.034	.927*	.039
직업(단순노무직기준)						
전문/관리직	.500**	.099	.459**	.128	.632**	.160
사무직	.660**	.073	.618**	.102	.742**	.115
서비스직	.593**	.071	.725**	.092	.508**	.110
생산직	.704**	.064	.741**	.082	.741**	.106
-2LL	59692.254		30035.013		24365.698	
Chi-Square	765.119		354.545		409.602	
취업주기 사례수	6109		3517		2592	

2.5 요 약

직업유형에 대한 분석이 성별 공간상 분리의 문제를 다룬 것이라면 직업의 지속기간에 대한 동태적 분석은 노동력(work history)이라는 시간의 축에서 나타나는 성별 차이의 문제를 다룬 것이다. 여성들의 단기적이고 간헐적인 노동패턴은 직업훈련을 통해 얻을 수 있는 인적 자본의 질을 떨어뜨려 그들의 노동이 저평가되는 핵심적인 원인으로서 자주 지적되고 있는 부분이다. 카플란―마이어 생존 분석을 통해서 취업의 지속기간 변화유형에 있어서 남녀 간에 차이가 존재한다는 것을 확인할 수 있었다. 취업의 초기에 남성과 여성은 비슷한 정도의 생존율을 보이다가 약 5년 정도가 지나면 남성들의 생존수준은 비교적 높게 유지되는 반면 여성들의 생존 수준은 급격히 떨어지는 상이한 패턴이 나타났다.

성별로 나타나는 경력패턴의 차이로 인해 여성들의 인적 자본이 낮다 라고 평가하기 이전에 고려해야할 것은 그러한 차이가 어떠한 요인들에 의해 결과된 것인가를 설명하는 것이다. 취업주기에 대한 사건사 분석결과를 검토해보면 그러한 차이는 다양한 구조적 요인들에 의해서 설명된다는 사실을 알 수 있다. 결혼으로 대표되는 생애단계의 변화라는 가족구조의 영향은 여성들에게 독특하게 작용하는 구조적 요인이다. 사회적으로 남성과 다른 역할이 규정된 여성은 노동경험을 지속하기 위해서 가족과 관련된 제약조건에 의해 크게 영향을 받고 있는 것이다. 또 직업의 종류, 이동성과 같은 직업에 따른 구조적 요인들은 여성들의 취업 지속기간을 다르게 하는 효과를 나타내고 있다. 노동시장구조론의 입장에서 여성노동을 분석하는 연구자들은 여성들이 성별로 분리된 직업구조에 위치하고 이동성이 잦은 이차노동시장에 소속된다고 한다. 이렇게 볼 때 노동시장에서 다른 위치를 가지고 있는 여성들은 남성들과 다른 노동패턴을 보일 가능성이 더욱 크다. 여성들의 인적 자본이나 성향이 여성들의 노동경험을 다르게 할 가능성 못지않게 노동시장 내에서의 구조적 차별이 여성들의 경험을 체계적으로 다르게 할 가능성이 있는 것이다.

제6장 기혼여성들의 경제활동참여와 선택

　노동시장에서 제공되는 성별 기회구조가 불평등하다고 할 때 여성들의 노동시장참여와 참여형태에 대한 선택은 어떠한 메커니즘에 의해서 결정되는가. 대안적 선택지를 고려할 수밖에 없는 여성들의 상황을 고용 지위로 조명하고 여성들에게 다르게 작용하는 노동 상황과 가족상황으로 인한 불평등구조에 의해 여성들의 노동경험이 어떻게 다르게 구성되는지에 관하여 다양한 맥락에서 설명할 필요가 있다.

　여성들에게 노동시장에 참여하는 문제는 선택이다. 반면에 남성들에게 있어서는 경제활동에 참여하여 직장 생활을 하는 것이 당연한 의무처럼 여겨진다. 경제활동참여의 의미가 성에 따라 이처럼 다르게 해석되는 것은 여성과 남성에게 다른 역할을 부여하는 성역할에 대한 사회적 정의와 밀접한 관련이 있다. 여성의 위치는 가정이고 남성의 위치는 직장이라는 성역할관에 의해 여성들은 직장에서도 가정에서도 다른 책임과 의무를 가지고 있다. 사회마다 다양한 성별분업이 존재하지만 가정과 직장에 대한 성역할 전형(stereotypes)은 공통적으로 유지되고 있다(Cowan, 1987; Huber 1991: Chafetz 1991).

　가사와 직장일이라는 이중 부담을 해결하기 위해 여성들은 자신들이 가정에서 하는 일에 소모되는 절대 시간을 최대한 줄임으로써 적응하고 있다. 현대에는 기술의 발전으로 인해 가사조력 기구들을 활용함으로써 여성들은 가사와 직장생활을 병행하게 되었다(Cowan 1987). 경험적인 연구들에 따르면 직장생활을 함께 하는 맞벌이 부부 중 남편이 가사를 도와주는 시간은 전업 주부를 부인으로 둔 남편들의 경우

134

에 비해 일주일에 단지 10분 정도가 많다는 것이다(Cowan 1987: 172; Hartman 1981). 보다 중요한 것은 가사활동에 있어서 남편은 어디까지나 '책임자'가 아니라 '조력자'라는 것이다(Oakley 1990). 극단적인 예로 '야망 있는 여성은 아이를 낳지 않음으로써 갈등을 피할 수 있다. 그러나 야망 있는 남성은 그러한 선택을 할 필요가 없다(Huber 1991)' 이와 같이 여성들은 자신이 가사 일을 어느 정도나 조절할 수 있는지에 따라 직업과 관계된 중요한 선택을 하게 된다.

여성 자신이 경제활동에 참가하는 선택을 하는 데 중요한 배경이 되는 것은 여성들이 처한 노동 혹은 가정 상황이라는 구조적 요건에 의해 복합적으로 영향을 받는다. 여성들이 노동시장에서 하는 중요한 선택들에서 개인적인 가치관에 따른 적응이나 선택만으로는 극복하기 어려운 구조적 요인들이 존재하기 때문이다.

가족과 노동의 연관관계를 다루는 기존의 경험적 연구결과들은 노동 시장에 이미 참여를 하고 있는 여성들만을 대상으로 이중 부담의 문제를 논의하고 있다. 노동 시장에서의 역할과 가정생활에서의 역할을 모두 감당해야 하는 문제가 직장 여성들에게 영향을 미치는 것은 물론이다. 하지만 현재 직장 생활을 하는 여성들은 이미 여러 가지 가정 상황의 제약을 어떤 식으로든 극복하고 노동 시장에 진입한 경우이다. 가정생활로 인한 제약이 보다 근본적이고 강도 높게 영향을 미치는 영역은 자신의 가정에서의 역할로 인해 아예 노동 시장에의 참여를 포기하거나 다른 형태로 경제활동에 참여하는 여성들이다. 따라서 이들을 배제하고 남녀 노동자들에게 미치는 가족과 노동 특성들의 영향력을 비교하는 연구는 지극히 제한적이다.

본 장에서는 바로 이러한 경제활동의 참여 여부와 참여 형태를 선택하는 문제를 직접적인 분석대상으로 삼고 개인적 특성들뿐만 아니라 가족과 노동 상황이라는 구조적 조건이 어떠한 영향력을 가지고 있는지를 밝힘으로써 가족과 노동의 연관관계(interface)를 파악하고자 한다. 연구의 대상이 되는 집단은 가정과의 관련이 그들의 노동시장참여의 문제와 깊이 연관되어 있다고 판단되는 기혼 여성들이다. 이들 중 현재 경제활동에 참여하는 노동자들뿐만 아니라 경제활동에 참여하지 않는 사람들을 포함함으로써 앞서 지적한 연구들의 한계점을 넘어서고자 하였다. 그리고 경제활동의 참여 형태라는 선택지들을 고려함으로써 단순히 참여와 불참을 확인하는데 더 나아가서 선택의 내용을 고려하는 분석을 하기로 한다.

1. 분석 방법: 다항 로짓 분석

분석의 대상은 동아시아 자료 중 기혼 여성 1211명이다[25]. 경제활동에 참여하는 여성들과 참여하지 않는 여성들 모두가 포함되었다. 경제활동의 참여 형태는 자영(고용주/자영업자), 가족사업, 피고용으로 나눌 수 있는데 피고용의 경우는 공기업에 근무하는 경우와 사기업에 근무하는 경우를 나누어서 고려하였다. 전업 주부를 기준이 되는 집단으로 하여 자영(고용주/자영업자), 가족사업, 공기업피용자, 사기업피용자라는 경제활동 참여형태의 선택이 어떠한 조건에서 이루어지는지를 다항 로짓 모델(multinominal logit model)로 분석하였다.

다항 로짓 분석은 종속 변수가 서열화 되어 있지 않은 범주적 속

---

25) 기혼 여성의 수는 원래 1645명이다. 이 중 자신의 고용 지위에 대하여 응답하지 않은 사례(245명), 남편의 수입에 대하여 응답하지 않은 사례(185명), 주관적 가치관에 대하여 응답하지 않은 사례(6명)를 제외하고 최종적으로 1211명에 대하여 분석하였다.

성을 가지고 있는 경우에 사용할 수 있는 적합한 분석 방법이다. 일반적으로 많이 사용하는 분석 방법들과 비교해보면 회귀분석은 종속 변수가 연속 변수일 경우에 사용한다는 점에서 다르고 로짓 분석은 선택지가 2개로 제한된 경우에 사용하는 방법이라는 점에서 다르다(Green 1993). 사회생활에서는 연속되지 않은 범주에 대한 선택의 문제에 자주 직면하며 선택지도 2개에 한정되어 있지 않은 경우가 많다. 여성들의 경제 활동 참여에 관한 본 연구에서도 여성들이 가지고 있는 선택지는 고용주/자영업자, 가족사업, 공기업 피용자, 사기업 피용자, 전업주부의 다섯 가지이고 이러한 선택지가 연속적이거나 서열화 되어 있지 않으므로 다항 로짓 분석에 의하여 분석해 볼 수 있다.

다항 로짓 분석의 논리를 간단히 설명해보면 다음과 같다. 분석을 위하여 종속 변수가 되는 각 집단에 상응하는 일련의 상관 계수(coefficients), $\beta(1)$, $\beta(2)$, $\beta(3)$, $\beta(4)$, 그리고 $\beta(5)$를 추정한다.

$$\Pr(y=1) = \frac{e^{X\beta(1)}}{e^{X\beta(1)} + e^{X\beta(2)} + e^{X\beta(3)} + e^{X\beta(4)} + e^{X\beta(5)}} \quad \text{식}(3)$$

$$\Pr(y=2) = \frac{e^{X\beta(2)}}{e^{X\beta(1)} + e^{X\beta(2)} + e^{X\beta(3)} + e^{X\beta(4)} + e^{X\beta(5)}} \quad \text{식}(4)$$

$$\Pr(y=3) = \frac{e^{X\beta(3)}}{e^{X\beta(1)} + e^{X\beta(2)} + e^{X\beta(3)} + e^{X\beta(4)} + e^{X\beta(5)}} \quad \text{식}(5)$$

$$\Pr(y=4) = \frac{e^{X\beta(4)}}{e^{X\beta(1)} + e^{X\beta(2)} + e^{X\beta(3)} + e^{X\beta(4)} + e^{X\beta(5)}} \quad \text{식}(6)$$

$$\Pr(y=5) = \frac{e^{X\beta(5)}}{e^{X\beta(1)} + e^{X\beta(2)} + e^{X\beta(3)} + e^{X\beta(4)} + e^{X\beta(5)}} \quad \text{식}(7)$$

y: 종속 변수 x: 독립 변수 β: 상관계수

그러나 모델을 이렇게 설정하면 다섯 가지 종속 변수에 대하여 같은 확률을 갖는 상관계수들(coefficients)에 대한 해답이 하나 이상이 된다. 따라서 $\beta(1)$에서 $\beta(5)$의 값 중 어느 하나를 0으로 놓아 준거집단을 설정하는 것이 필요하다. 준거가 되는 집단은 분석에 사용되는 어떠한 집단이어도 상관이 없으나 본 연구에서는 비교의 준거가 되는 집단을 전업주부로 하고 $\beta(5)=0$으로 설정한다. 이를 앞의 식(1)에서 식(5)까지 대입하면 $\beta(1)$에서 $\beta(4)$의 값은 전업주부 집단에 대한 상대적 변화를 측정하는 상관계수를 뜻하게 된다. 이 것을 식으로 표현하면 다음과 같다;

$$\Pr(y=1)=\frac{e^{X\beta(1)}}{e^{X\beta(1)}+e^{X\beta(2)}+e^{X\beta(3)}+e^{X\beta(4)}+1} \qquad \text{식}(8)$$

$$\Pr(y=2)=\frac{e^{X\beta(2)}}{e^{X\beta(1)}+e^{X\beta(2)}+e^{X\beta(3)}+e^{X\beta(4)}+1} \qquad \text{식}(9)$$

$$\Pr(y=3)=\frac{e^{X\beta(3)}}{e^{X\beta(1)}+e^{X\beta(2)}+e^{X\beta(3)}+e^{X\beta(4)}+1} \qquad \text{식}(10)$$

$$\Pr(y=4)=\frac{e^{X\beta(4)}}{e^{X\beta(1)}+e^{X\beta(2)}+e^{X\beta(3)}+e^{X\beta(4)}+1} \qquad \text{식}(11)$$

$$\Pr(y=5)=\frac{1}{e^{X\beta(1)}+e^{X\beta(2)}+e^{X\beta(3)}+e^{X\beta(4)}+1} \qquad \text{식}(12)$$

그러므로 준거 범주에 대해 $y=1$이 일어날 상대적 확률은 다음과 같다;

$$\frac{\Pr(y=1)}{\Pr(y=5)}=e^{X\beta(1)} \qquad \text{식}(13)$$

이때 상대적 확률은 상대적 사건발생률(the relative risk)이라고 하는데 실제로 X값이나 β값들은 한 개의 고정된 값이 아니라 벡터

(vector)이다. 따라서 독립변수 X와 상관 계수 β를 각각 (X1, X2, ----, Xk,) (β1, β2, ---, βk)라 정의하면 상대적 사건발생률(relative risk ratio)은 Xi가 한 단위 변할 때 상관계수의 지수값이 된다. 이 값은 준거 집단에 대하여 해당되는 집단이 일어날 상대적 확률을 의미한다.

$$\frac{e^{\beta_1 x_1 + \cdots + \beta x_{i+1} + \cdots + \beta_k x_k}}{e^{\beta_1 x_1 + \cdots + \beta x_i + \cdots + \beta_k x_k}} = e^{\beta_i} \quad \text{식}(14)$$

식(14)

2. 여성들의 경제활동참여선택

여성들의 경제활동 참여양태선택에 대한 분석모형은 브린튼(Brinton 1995)의 한국과 대만 여성들에 관한 비교 연구에 빚을 지고 있다. 브린튼의 연구에서는 부인의 지위를 자영, 피용, 가족 종사자의 세 가지로 나누고 고용 지위에 대한 선택을 분석하고 있다. 가족에 대한 책임이 큰 기혼여성들에게 가족상황으로 인한 조건이 경제활동참가 선택을 결정하는데 유의미한 효과를 가진다는 것을 구체적으로 보여주며 한국여성들의 독특한 노동 상황을 대만과는 다른 특징을 갖는 것으로서 조명하고 있다. 남편의 고용 지위만을 고려한 짧은 모델(short model)과 남편의 수입을 추가한 긴 모델(long model)을 대비하면서 남편의 지위라는 가족적 배경에 의해 인적 자본이 미치는 효과가 어떻게 달라지는지를 구체적으로 설명하고 있다. 그 분석 결과에 따르면 피고용 된 한국 여성들의 경우 교육의 효과는 모델에 따라 다르게 나타난다는 것이다. 짧은 모델에서는 대졸이라는 교육의 효과가 긍정적이지만 긴 모델에서는 그 효과의 방향이 부정적으로 바뀌고 고졸이라는 교육의 효과도 영향력의 정도가 줄어든다. 그녀는 이러한 현상은 남편의 수입의 고려 여부에 관계없이 교육의 효과가 상당히 안정적인 대만의 경우와 대비하고 있다. 그녀는 이러한 대비점을 기혼여성들에 대한 결혼장애(marriage bar)효과가 강한 한국 노동시장의 특징으로 해석하고 여성들의 학력이 결혼시장에서 적절한 수입을 제공할 수 있는 남편을 고르기 위한 경쟁에서 자격증으로 왜곡되어 사용되는 점에 주목한다. 결과적으로 교육 수준이 높은 한국 여성들은 결혼이 제공한 경제적 풍요로 인해 경제활동에 오히려 참여하지 않는 결과가 나타난다는 것이다(Brinton 1995: 1116-1122).

브린튼의 연구는 한국여성노동의 특징을 가족이라는 배경조건에 의해서 구체적으로 설명하는 유의미한 시도임에도 불구하고 몇 가지 점에서 제한적이다. 첫째, 여성들의 인적자본의 활용이라는 점에서 중요한 의미를 가지고 있는 교육효과는 통계적으로 유의미하지 않다. 그녀의 분석에서 남편의 수입을 고려한 후 영향의 방향이 바뀐 것으로 주목되고 있는 대학 학력의 영향력은 분명히 방향은 바뀌었으나 그 효과가 통계적으로 유의미하지 않은 결과이다. 이러한 결과에 지나치게 의미를 부여하기는 어렵다. 둘째, 피고용 내의 다양한 가능성에 대하여 고려하지 않았다. 학력이 높은 여성들이 노동시장에 참여하는 것이 노동시장에서의 제도적 장애 때문이라면 같은 피고용이라도 제도적 여건이 다른 공기업과 사기업에서 교육 수준이 높은 여성들의 참여양상이 달라질 가능성이 있다. 즉 교육 수준이 높은 여성들이 피고용 부문에 참여하지 못하는 보다 근본적인 이유는 경제적 능력이 있는 남편을 만났기 때문이 아니라 노동시장에서의 제도적 조건 때문일 수 있다는 가능성이 고려되지 않았다.

본 연구에서는 그의 분석틀을 발전된 형태로 받아들이고자 한다. 여성들의 인적 특성들, 생애주기, 남편의 경제적 위치를 고려하여 경제활동참여형태를 설명하는 분석모델의 장점을 살린다. 그러나 여성들의 인적 자본이 활용되지 못하는 이유가 남편들의 경제적 위치로 말미암은 것이라는 해석은 여성들의 경제활동참여 특징을 일부분만 드러낸 것이라 생각된다. 가족 내의 여성들의 위치 외에 제도적 영역에서의 다른 조건들이 여성들의 참여형태를 다르게 나타날 가능성도 있기 때문이다. 이러한 가능성 중의 하나를 검토하기 위하여 피고용 내에서 제도적 특성을 달리 하는 조직인 사기업과 공기업을 나눠서 이들 조직에서 여성들의 인적 자본이 같은 양상을 보이는지를 확인하는 양식으로 모델을 수정하기로 한다. 따라서 사기업, 공기업, 자영, 가족종사의 네 가지 경제활동참여형태를 종속변수로 하여 여성들의 경제활동참여형태의 선택 문제를 분석하는 다항 로짓 분석(multi-nominal logit analysis)을 한다.

또한 여성들의 경제활동참여 혹은 참여형태에 영향을 미칠 수 있는 요인들의 효과를 체계적으로 고려하기 위하여 세 가지 모델을 비교 분석하기로 한다. 여성들의 경제활동참여에 중요한 효과를 가지는 것으로 확인된 여성들의 인구학적 특성들, 인적 자본, 생애주기변수들은 기본적으로 고려되었고 모델에 따라 변수들을 추가할 때 어떠한 변화가 일어나는지를 살펴보았다. 모델 1은 남편의 고용지위에 따라 여성들의 경제활동참여형태가 어떻게 달라지는지를 살펴본 '고용지위모델'이다. 결혼한 여성들은 자신의 개별적 특성에 따라 취업형태를 결정하기보다는 남편의 경제적 위치에 따라 다른 선택을 할 수 있는 가능성이 있다. 모델 2는 남편의 경제적 수입을 추가하여 고려한 '가구경제모델'이다. 남편의 높은 경제적 지위가 여성들의 노동시장참여에 미치는 부정적 효과가 실제로 존재하는지를 확인하고 여성들의 낮은 인적 자본 활용이 가구의 경제적 조건에 의해 다르게 설명되는지를 살펴본다. 모델 3에서는 노동시장참여와 밀접한 관련이 있을 것으로 여겨지는 성역할관26), 성공가치관27)을 추가하여 고려한 '성 가치관모델'이다. 다른 설명변인들을 통제하였을 때 주관적 요소들이 어떠한 효과를 나타내는지를 확인하고 가족과 관계된 변인들 중 가족 구조적인 요소와 주관적인 요소 중 어느 것이 여성들의 경제활동참여선택에 주요한 효과를 가지는가를 탐색한다.

여성들의 경제활동의 참여와 그 형태를 결정짓는데 효과를 가지는 것으로 고려된 설명변수들을 구체적으로 살펴보면 다음과 같다. 첫째는 여성들의 개별적 특성들로서 인구학적 특성들이나 인적자본이다. 인구학적 특성으로는 연령을 고려하고 교육수준, 이전의 노동 경험과 같은 인적자본이 여성들의 경제활동참여에 영향을 끼칠 수 있는 요인들이다. 이 중 교육수준은 교육년수에 따른 연속적 효과보다는 학력차이에 따른 단절적 효과가 클 것이므로 중졸집단을 기준으로 하여 고졸, 전문대졸, 대졸의 세 개의 가변수들(dummy variables)을 구성하여 효과를 알아보았다.

둘째, 가족과 관련된 구조적 특성들로서 생애주기변수와 조력자의 유무를 고려하였다. 여성들의 생애주기와 관련된 요인으로서는 노동 시장에 참여하는데 가장 제약 요인이 되는 자녀, 특히 6세 이하의 어린 자녀들의 수가 중요한 영향을 미칠 수 있다. 자녀수의 효과는 어린 자녀가 없는 사람들을 기준으로 1명일 때와 2명 이상일 때의 차이를 가변수로 확인하였다. 왜냐하면 어린 자녀가 존재한다는 자체가 여성들의 경제활동 참여에 큰 영향을 미치며 어린 자녀수가 둘 이상이 되면 일종의 한계 상황으로 경제활동에 참여하

---

26) 성역할관은 '여자는 선천적으로 남자보다 가정을 돌보는데 적합하다'에 대해 '매우 그렇다', '그렇다', '그렇지 않다', '전혀 그렇지 않다'의 4점 척도로 측정한 성에 대한 주관적인 태도변수이다.
27) 성공가치관은 '남편의 사회적 성공이 곧 아내의 성공이다'라는 항목에 대하여 '매우 그렇다', '그렇다', '그렇지 않다', '전혀 그렇지 않다'의 4점 척도로 측정한 성에 대한 주관적인 태도변수이다.

는 선택을 하기가 어렵기 때문이다. 자녀 양육으로 인한 많은 문제들은 조력자가 있음으로써 상당부분 해결될 수 있다. 따라서 친정어머니나 시어머니 등 도와줄 수 있는 가족이 존재하는지를 함께 살펴보았다.

셋째, 여성들은 자신의 경제활동참가나 취업형태를 결정하는데 남편의 경제적 위치에 의해 영향을 받는다. 가족의 생애주기와는 또 다른 의미에서 가족환경이 큰 영향을 미치는 영역이다. 남편의 경제적 위치로는 남편의 수입과 남편의 고용 지위를 고려하였다. 남편의 수입은 임금에 자연대수를 취한 값을 취하였고 남편의 고용 지위는 자영업 여부를 가변수 형태로 하여 분석에 포함하였다.

넷째, 가족과 관련된 여성자신의 주관적 성 가치관을 고려하였다. 여성 자신의 가치관에 따라 여성들의 경제활동참여가 다르게 되는지를 살펴보았다. 분석 결과를 통해 여성들의 경제활동참여에 실제로 중요한 영향을 미치는 것은 가족의 구조적 요인들인지 아니면 여성자신의 주관적인 가치관인지를 논의한다.

<표 29>에 제시된 분석결과들로 여성들의 경제활동참여와 그 형태를 결정하는 요인들에 대한 모델을 비교하여보면 모델에 따라 커다란 차별성이 나타나고 있지 않다. 브린튼의 연구결과와는 달리 남편의 수입을 고려한 '가구경제모델(모델 2)'에서도 여성들의 교육수준의 효과는 영향의 방향이 변하지 않는 것으로 나타나서 모델 간 차이보다는 참여형태에 따른 차이가 주목할 점으로 드러났다. 모든 형태의 경제활동참여에서 남편의 수입이 높을수록 부인이 경제활동에 참여할 가능성은 낮은 것으로 나타난다(통계적으로는 자영과 공기업부문만 유의미하다). '성 가치관모델(모델 3)'에서는 여성들의 경제활동의 참여와 그 형태를 결정하는데 여성 개인들의 가족과 관련된 주관적인 가치들이 가지는 설명력을 검토하였다. 남편의 성공에 비중을 두는 성공가치관은 예상했던 바와 같이 모든 형

태의 노동시장참여에 지속적으로 부정적인 영향을 미치는 요인이었으나 통계적으로 유의미하지 않았다. 모든 참여형태에서 성 역할관이 진보적일수록 여성들이 경제활동에 참여할 가능성은 높게 나타나고 있으나 역시 통계적으로 유의미하지는 않았다. 모든 모델에서 그리고 모든 참여형태에서 가족구조와 관련된 요인들이 통계적으로 유의미한 효과를 보이고 있는 사실로 볼 때 주관적인 가치의 문제보다는 가족 구조에 의한 제약이 여성들의 경제활동참여자체에 대한 결정과 참여형태에 대한 선택과 관련하여 보다 큰 문제라는 사실을 알 수 있다.

분석결과로 볼 때 여성들의 경제활동참여형태를 결정하는데 영향을 미치는 요인들은 다음과 같은 특징들을 나타낸다. 첫째, 공기업은 여성들의 교육이라는 인적 자본이 경제활동참여에 유일하게 긍정적인 효과를 보이고 있는 영역이다. 한국 노동시장에서 여성들의 인적 자본은 제대로 활용되지 않고 있다. 여성들의 경우 교육수준이 높을수록 오히려 노동시장에 참여하지 않는 현상이 한국여성노동시장의 기이한 특징으로서 지적되고 있다(Brinton 1995). 사기업에 피고용 되는 선택을 하는데 교육은 통계적으로 유의미한 효과를 나타내지 않는다. 자영업이나 가족종사의 형태로 경제활동에 참여하는 데에는 오히려 학력효과가 부정적인 방향으로 나타내고 있다(이중 가족종사의 일부 교육수준만이 통계적으로 유의미하다). 이러한 상황에서 공기업에서 나타나는 교육의 긍정적 효과는 조직의 제도적 조건이 다르게 주어질 때 여성들의 인적 자본이 활용될 수 있는 가능성을 보여준다. 둘째, 여성들의 경제활동참여에 있어서 어린 자녀의 존재는 모든 참여형태에 걸쳐 부정적 효과가 큰 것으로 나타난다. 부정적인 효과가 가장 크게 나타나는 것은 사기업의 경우이다. 고용조건, 근무 조건에 따라 가족의 생애주기에 따른 제약 효과는 다르게 체감될 것이다. 같은 피고용의 형태라도 공기업과 사

144

기업에서 그 효과가 다른 것은 주목할만한 현상이다. 가사나 자녀 양육에서 이중 부담을 가져야 하는 직장 여성들에게 보조를 해 줄 조력자가 존재하는지가 중요한 효과를 가지는 영역도 사기업에의 경제활동참여에서이다. 사기업에서 피고용 되어 일하면서 가정 일을 병행하기가 얼마나 어려운지를 간접적으로 드러내 주는 부분이다. 넷째, 이전 노동경험이 노동시장에서 인적 자본으로 활용되기보다는 모든 형태의 경제활동참여에 있어서 오히려 부정적 효과를 보이는 것은 특이하다. 여성들은 이전에 노동경험이 있다고 하더라도 결혼 후 경제활동에 참여를 지속하지 않는 경우가 많기 때문에 나타나는 현상으로 해석할 수 있다. 다섯 째, 남편이 자영업을 하는데 여성이 피고용 되는 형태로 취업하는 경우는 드물다. 낮은 임금의 피고용 부문에 취업하기보다는 남편이 하는 사업을 도와 수익을 올리는 가족단위의 경제 전략이 일반적이다. 따라서 남편이 자영업에 종사하는 경우 아내는 가족종사의 형태로 경제활동에 참여할 가능성이 높다. 육아 후에 피고용 부문에 재취업하는 것이 어려운데다가 가사와 직장 생활을 병행하기 위해 유연하게 근무 시간을 조정할 수 있는 가족종사라는 참여형태는 기혼 여성들이 특별한 부담이 없이 취업 혹은 재취업할 수 있는 통로로서 자리 잡고 있다. 따라서 가족 종사자로서 여성의 지위를 이해하는 데에는 남편의 고용 지위와 연관된 가족 내의 맥락을 이해하는 것은 중요하다. 여섯 째, 남편의 수입은 여성들의 경제활동참여에 지속적으로 부정적인 영향을 미치는 요인이다. 경제적으로 풍요로운 여성들은 저임금과 성차별을 감수해가면서 노동시장에 참여할 동기를 부여받기 힘들다[28].

---

28) 자신의 성취동기에 의해서 여성들이 경제활동에 참여할 여지는 여전히 존재한다. 여성들이 노동시장에 참여하는 활동은 단순히 경제적 동기만으로는 설명할 수 없다. 그러나 여성들의 경제활동참여선택에 있어서 가치관의 효과는 통계적으로 유의미하게 나타나고 있지 않다.

<표 28> 기혼여성의 경제활동참여에 대한 다항 로짓 분석: 모델 1과 모델 2

독립 변수	모델 1: 고용지위 모델				모델 2: 가구경제모델			
	사기업	공기업	자 영	가 족	사기업	공기업	자 영	가 족
나 이	-.022	-.001	.017	-.018	-.022	-.008	-.016	-.018
교육 수준								
중졸 이하	---	----	---	---	---	---	---	---
고 졸	.111	1.568	-.168	-.617*	.171	1.941*	-.082	-.563
전문대졸	.751	2.184*	-.582	-.953	.825	2.69**	-.476	-.889
대 졸	.123	2.694*	-.386	-1.282*	.228	3.23**	-.233	-1.187*
6세 이하 자녀수								
0명					---	---	---	---
1명	-1.12**	-.206	-.593**	-.735*	-1.13**	-.259	-.62**	-.746*
2명 이상	-1.69**	-.409	-.708**	-.376	-1.696**	-.465	-.73**	-.381
조력자 무	---	---	---	---	---	---	---	---
조력자 유	.655*	.829	.038	-.023	.661*	.858	.050	-.019
이전노동경험	-138**	-.534**	-.071**	-.106**	-.138**	-.53**	-.07**	-.107**
남편수입					-.198	-.870*	-.286*	-.187
남편고용지위								
피고용	---	---	---	---	---	---	---	---
자 영	-.544**	-.489	.266	4.14*	-.527**	-.465	.288	4.15*
절 편	.871	-2.688	-.399	-4.12**	2.303	3.241	2.33*	-2.753
사례수	1211				1211			
Log likeli-hood	-1419.178				-1415.106			
카이자승값	475.74				483.88			
준거집단	전업주부				전업 주부			

<표 29> 기혼여성의 경제활동참가에 대한 다항 로짓 분석: 모델 3

독립 변수	모델 3: 성 가치관 모델			
	사기업	공기업	자 영	가 족
나 이	-.021	-.010	.018	-.018
교육 수준				
중졸 이하	---	----	---	---
고 졸	.175	1.980**	-.093	-.566*
전문대졸	.837	2.783*	-.524	-.873
대 졸	.221	3.292**	-.283	-1.186*
6세 이하 자녀수				
0명				
1명	-1.134**	-.251	-.616**	-.748*
2명 이상	-1.691**	-.457	-.710**	-.377
조력자 무	---	---	---	---
조력자 유	.667*	.862	.053	-.022
이전 노동경험	-138**	-.530**	-.073**	-.106**
남편수입	-.190	-.877*	-.280	-.176
남편 고용지위				
피고용	---	---	---	---
자 영	-.532*	-.479	.300*	4.150**
성역할관	.167	.113	.170	.043
성공가치관	-.103	-.255	.055	-.087
절 편	.871	3.520	1.084	-2.731**
사례수	1211			
Log likelihood	-1412.952			
카이자승값	488.19			
준거집단	전업주부			

3. 조직의 제도적 맥락: 공기업과 사기업

분석결과 발견한 흥미로운 사실 가운데 하나는 피고용 형태 내에서 두 가지 영역을 세분하여 여성들의 경제활동 참여에 미치는 영향의 차별성을 드러낸 것이다. 공기업은 제도형 노동시장으로서 사기업에 비해 제도 변화에 민감하다. 국가 차원에서 실시되는 많은 여성관련 입안들이 공기업에 더 큰 영향을 미칠 것으로 예상된다. 이에 비해 사기업에서는 보다 경제적 이익 추구에 근거하여 운영되고 제도적 보호 조치가 상대적으로 덜 시행될 것이다.[29] 따라서 고용주 개인 혹은 조직의 특성에 따라 성에 대한 차별 현상이 더 심하게 나타날 수 있다. 만약 이러한 공－사 기업 간의 차이가 실제로 존재한다면 공기업과 사기업에 종사하는 여성들이 다른 노동 조건들을 가지게 되는 셈이다. 노동시장에서의 위치가 상대적으로 열악한 여성의 경우 제도적 조건에 따른 차이는 더 크게 영향을 미칠 수 있다. 같은 피고용의 형태인데도 인적 자본이 높은 여성들의 참여가능성이 공기업에서 높게 나타나는 현상은 이러한 추측을 간접적으로 입증해주는 결과이다.

그렇다면 공기업과 사기업에서 노동자들이 가지고 있는 노동 조건들이 실제로 어떻게 다른지 그리고 이러한 특성들이 성별로는 어떻게 다른 노동조건을 구성하는지에 대해 구체적으로 알아볼 필요가 있다. 이를 위해 <표 30>에 공기업과 사기업의 평균적인 노동조건을 비교한 결과를 제시하였다. 공기업은 사기업에 비해 임금, 승진가능성, 부가급부, 고용안정성에서 유리한 조건을 가지고 있었

---

29) 물론 공기업 내에서 남성과 비교해보면 여성 차별이 없는 것은 아니다 (김영옥 1997). 그러나 사기업과 비교해볼 때 상대적으로 공기업은 여성들에 대한 제도적 보호 조치가 있다.

으며 근무시간이 상대적으로 현저히 짧았다. 반면에 공기업은 방식 자율성이나 시간유동성은 사기업보다 낮은 것으로 나타났다. 따라서 평균적인 특성들을 비교함으로써 공기업과 사기업이라는 조직적 맥락에 따라 여러 가지 노동조건이 다르게 제공되고 있다는 사실을 확인할 수 있었다.

공기업에서 제공되는 좋은 노동조건은 참여형태에 대한 분석에서 나타났던 차이에 대한 설명이 된다. 여성들은 공기업과 사기업이라는 조직적 맥락에 따라 회사에서 제공되는 부가급부를 현저히 다르게 받고 있다. 공기업에서는 여성들이 남성들과 거의 비슷한 수준으로 부가급부를 제공받는데 반해서 사기업에서는 여성과 남성에게 차별적으로 부가급부를 제공하고 있다. 공적 기업이라는 제도적 맥락에서 행해지는 여성들에 대한 보호조치로 말미암아 차별적 행위가 크게 완화되어 나타나는 경우라 하겠다. 또한 가정과 노동의 이중 부담을 해결해야하는 기혼 여성들에게 노동시간은 중요한 의미를 가지고 있다. 공기업과 사기업에서 나타나는 노동 시간의 차이는 여성들 개개인에게 가정과의 병행이 어느 정도나 가능한지를 평가하는 하나의 요인이 될 수 있다. 그 밖에 임금, 승진가능성, 고용안정성에서 유리한 조건을 가지고 있는 공기업에서 피고용 되어 노동하는 사람들이 가지는 조건은 사기업의 열악한 노동조건과 대비된다. 결국 좋은 노동조건이 마련된다면 여성들의 경제활동참여를 설명하는 요인들의 효과는 달라질 수 있는 것이다.

현재 공기업에 피고용 되어 있는 여성은 소수이어서 공기업에서 제공되는 취업의 기회는 제한되어 있는 것으로 추정된다. 또 공기업에서 시행되고 있는 제도적 보장도 충분하지는 않다. 그러나 사기업과 다른 노동 조건을 제공하는 영역으로서 공기업이 보여주는 가능성은 크다. 여성들의 노동 참여는 여러 가지 구조적 장애가 해결되고 새로운 형태의 고용 형태가 창출된다면 발전적 형태로 변화될 가능성이 있다.

<표 30> 공기업과 사기업의 평균 노동조건

평균 노동 조건	공기업		사기업	
	남	여	남	여
노동시간(시간/주)	49.99	45.80	57.06	52.53
임금(만원/년)	1971.63	1544.37	1765.33	1183.80
승진가능성(3점 척도)	1.77	1.52	1.31	1.06
부가급부(6개 항목)	5.18	5.08	3.01	2.18
방식자율성(4점 척도)	3.08	2.91	3.14	3.18
속도자율성(4점 척도)	3.36	3.29	3.23	3.20
시간유동성(4점 척도)	1.93	1.79	2.39	2.55
고용안정성(5점 척도)	4.67	4.74	4.12	4.09

4. 요 약

여성들의 노동 시장 참여 형태를 보기 위해서는 여성과 가족의 밀접한 연관 관계를 고려해야 한다[30]. 여성들이 처한 가족상황은

---

[30] 미혼 여성들도 가족에서의 위치나 성에 따라 다른 기대로 인해 노동시장에서의 참여에 제약요인을 갖는다. 그러나 노동시장에서의 많은 차별은 여성들이 미래에 겪을 것으로 전제되는 결혼 혹은 출산이라는 생애 사건들에 대한 예상으로 인해 일어나므로 기혼여성들의 상황이 미혼 여성들의 현재의 상황과 무관한 것은 아니다. 더구나 본 분석에 사용되는 자료에 미혼 여성의 사례는 123명에 불과하고 고용 지위의 분포로 볼 때 다항 로짓 분석을 하기에 충분한 사례수를 가지고 있지 않다. 미

여성들의 노동참여를 다르게 하는 조건적 불평등으로서 여성 내부에서도 나타나는 이질성을 설명하는 조건이다. 특히 기혼 여성들에게 가정에서 주어진 의무는 노동 시장에 참여하는 여성들이 남성들과는 다른 차이를 나타내는 중요한 요인들 중 하나이다. 여성의 경우 인적 자본의 활용이 원활하게 되지 못하거나 간헐적인 취업을 하는 이유도 가정과 밀접한 연관이 있다. 성에 대한 통계적 차별에 대해 합리적 이유를 제시하고 있는 많은 이론들에서도 고용주가 여성에게 취업의 기회를 제한하거나 적은 보수를 지급하는 이유로 여성의 개별적 특성을 들기보다는 자녀 출산과 양육 등 가족과 연관된 여성의 경력 중단을 들고 있다(Becker 1975).

기혼 여성들에게 있어서 가족과 연관된 요인들의 영향력은 보다 근본적으로 나타난다. 노동시장에 참여한 여성들 간에 나타나는 차이는 국면의 일부분일 뿐이다. 여성들은 가족과 관련된 요인들로 인해 아예 공식 노동 시장에 참여하지 못하거나 다른 형태의 참여를 대안으로 선택한다. 본 장에서의 분석은 이러한 여성의 경제활동의 참여 형태 결정에 가족과 관련된 요인들이 가지는 다양한 효과들을 밝혔다는 점에서 의의가 있다.

여성들의 경제활동 참여를 결정짓는데 있어서 남편의 경제적 위치는 중요한 영향력을 가지고 있다. 가족 사업은 가족 단위로 경영되는 소규모 자영업과 관련이 깊다. 남편이 자영업을 하고 그 규모가 그다지 크지 않은 경우 가족성원의 동원은 경제적 비용 절감과 가족 수입을 높이기 위해 자주 등장하는 전략이다. 공식 부문에 취업하기 어려운 여성들의 대안적 경제활동 방안으로서 가족 종사는

혼 여성들에 대한 연구는 그들의 특성을 드러낼 수 있는 자료 모집 작업을 거쳐 따로 분석되어야 할 주제이다. 이 장에서는 자료가 허락하는 범위 내에서 가족 상황이 보다 큰 제약요인이 되는 기혼 여성들에 대한 분석에 국한하기로 한다.

여성들의 고용형태에서 비교적 높은 비율을 차지하고 있다. 여성으로서 독립된 취업이 어렵고 노동 시장에서 그들이 받을 수 있는 보상이 만족스럽지 않다면 자영업을 하는 남편을 둔 부인의 경우 남편을 조력하는 가족 사업에 참여하는 것이 가장 합리적인 선택일 수 있다. 결국 자영업 혹은 가족사업이라는 대안은 피고용 부문에서 노동자들의 노동여건이나 보상과 유기적인 연관관계를 맺고 있다.

여성의 자녀 양육과 관계된 생애주기 상의 위치는 모든 형태의 경제활동 참여에 제약 요인이 되고 있다. 자녀 양육에 필요한 절대적인 시간이 필요한 단계에서 또 하나의 업무를 선택하는 일은 형태를 막론하고 어려운 일이다. 어린 자녀의 양육이라는 조건은 참여의 형태를 결정하는 선택보다는 참여 여부를 결정하는 근본적인 선택과 관련 깊다. 생애주기 효과들을 통제하였을 때 가족과 관련된 성역할관이나 성공가치관과 같은 주관적인 요소들은 여성들의 경제활동참여형태를 결정짓는데 유의미한 효과를 보이고 있지 않았다. 이와 같은 분석 결과를 통해 기혼 여성들의 경제활동참여에 미치는 효과에 있어서 주관적인 요소보다는 생애주기와 같은 가족구조적 요소들이 보다 큰 영향력을 가지는 요인이라는 사실을 확인할 수 있다.

이와 같이 가정과 관련된 요소들은 여성들의 경제활동 참여와 선택에 주요한 영향을 미치는 요인들이다. 그러나 이러한 요인들은 노동 시장의 구조적 제약들과 간접적으로 관련을 맺고 있다. 가정 여건에도 불구하고 참여할 좋은 노동 조건이 제공된다면 여성들의 참여 형태는 달라질 것이기 때문이다. 이러한 가능성을 타진하기 위하여 공기업과 사기업을 구분하여 피고용 된 여성들이 행하는 다른 선택들을 살펴보았다. 상대적으로 보다 제도화된 영역에 속하는 공기업에서 여성들은 자신의 인적 자본을 살려 취업하는 모습을 보여 주고 있다. 고학력 여성의 취업률이 특히 떨어지는 '한국적 여성

노동 상황'은 어쩌면 구조적 기회의 제한과 열악한 노동 조건 때문일 수 있다.

공기업과 사기업은 소유구조, 시장구조, 정부의 규제 정도가 민간 기업과 다르다. 공기업 노동시장은 기본적으로 제도적 요인에 의해서 크게 영향을 받는 제도형 노동시장으로서 민간 기업 노동 시장보다 노동 시장의 경제적 여건 변화에 대해서는 영향을 덜 받지만 제도적 변화에는 민감하게 반응한다(이한주 1994; 김영옥 1997).

조직의 제도적 여건에서의 차이는 여성 노동자들의 고용과 노동 여건에서의 차이를 유발할 수 있다. 정부투자기관의 보수수준에 대한 연구(박세일 1987)에 의하면 정부투자기관에서 성별, 학력별, 직종별 임금격차가 민간기업에 비해 적다고 한다. 여성에 대한 남녀 고용평등법이라든가 정부의 고용평등시책과 같은 제도의 시행이 공기업에서 보다 효과적으로 기능할 것이다. 실제로 공기업에서 '여성 공무원 채용 목표제' 또는 '공기업 여성 채용 인센티브제'와 같이 여성들에게 일정 점수를 가산점으로 주고 일정 비율의 여성을 채용하도록 하는 규정은 몇몇 기관에서만 제한적으로 적용되고 있다.

공기업과 사기업의 노동 조건은 확실히 다르다. 공기업은 근무 시간이 짧고 부가 급부가 제도적으로 보장되어 있다. 불평등 구조에 노출되어 있는 여성들은 제도적 보호가 더욱 중요한 의미를 가진다. 공기업과 사기업의 여건 차이는 여성들의 경우 보다 두드러지게 나타나고 있다.

물론 공기업 내에서도 남녀의 임금, 승진가능성에 있어서 차이가 존재한다는 사실이 보고 되고 있다(김영옥 1997). 비록 공기업 내에서도 성별차이가 존재하고 제도적 보호가 완전하지 못할지라도 민간 기업에 비해서는 고용이나 보상 면에서 남녀의 차별의 정도가 낮을 것이다. 공기업의 제도적 보호 조치들은 노동시장에서 많은 제약을 가지고 있는 여성들에게 민간기업들과는 다른 선택지일 수 있다. 공기업에서의 고학력 여성의 활용은 여전히 제한적이지만 하나의 가능성을 보여 주고 있다.

이제까지 공기업을 다루는 연구들은 공기업의 다른 소유구조, 경제적 기능, 노사관계 등 사기업과 다른 조직적 특성에 초점을 맞추었다. 여성노동자들과 공기업과의 관계는 자주 논의되는 대상이 아니었다. 만약 공기업 내의 남녀를 비교하지 않고 여성 내부에서 공기업과 사기업에서 일하는 노동자들을 비교한다면 일반적인 성별차이를 논하는 데서 진일보하여 조직 특성에 따라 성별 차이들이 달라질 수 있는 가능성을 보여줄 수 있을 것이다. 공기업에 근무하는 것과 민간기업에 근무하는 것을 개인들이 선택한다고 할 때 개인이 가지고 있는 인적 자본, 가정 여건들이 어떻게 작용하여 다른 선택들을 만들어 나가는지를 고려하는 것은 기존의 연구에서는 다루어지지 않았던 가정 상황과 노동 상황이 복합적으로 작용하는 중요한 영역이다.

제7장 기혼 노동자들의 노동태도와 성별차이

　노동 시장 내에서 남녀의 차이는 경제적 결과를 중심으로 논의되어왔다. 여성과 남성이 노동현장에서 경험하는 주관적인 태도는 자주 주요 관심사에서 제외되어왔다. 노동자들이 겪는 노동과정이 개개인들에게 의미 있는 차이를 유발한다고 할 때 노동태도를 설명하는 기제들에 대한 관심은 노동에 대한 결과만큼이나 중요한 의미를 갖는다. 미시적인 영역에서 다루어지는 주관적 태도들과 개인들이 처한 구조적 상황과의 관련을 다루는 연구는 실제 노동현장에서 활동하는 노동자들을 이해하고 차이를 유발하는 맥락을 이해하는 중요한 시도가 된다.

　노동 시장 내에서 여성이 가지고 있는 위상의 차이를 설명하기 위해서 여성이 가지고 있는 자질의 차이를 인적 자본의 수준에서 논의하거나 직업의 특성 차이만을 설명하는 것은 여전히 피상적이고 단편적인 문제의 이해이다. 노동시장에서 남녀가 구조적으로 다른 위치를 가지고 있다고 할 때 노동 상황과 가족상황이 각 성에 미치는 영향은 독특한 의미를 가지고 있다. 성별 차이 자체보다는 그러한 차이를 유발하게 된 이면에 대한 보다 근본적인 이유를 탐구하는 것이 차이를 진정으로 이해하는데 필요하다. 가정과 노동 경험의 다차원적 영역에 주목하는 최근의 연구경향(Kelly and Voydanoff 1985; Pittman and Orthner 1987)은 노동과 가정의 경계면(interface)에서 노동자들의 노동경험을 재조명할 필요성을 역설하고 있다.

　여성의 경제활동 참가율과 경제활동 참가 의지는 점점 높아지고 있지만 노동시장 내에서 여성은 그에 상응하는 위상변화를 얻지 못했다. 앞서 살펴본 대로 여성과 남성의 직업은 물리적으로 다른 영역으로 분리되어 있을 뿐만 아니라 여성들의 일에 대하여 남성들과 다른 사회적 평가가 부과되고 있다. 대부분의 여성의 일은 현재까지도 여전히 보수, 지위 그리고 권력에서 하위영역에 자리 잡고 있다. 이러한 노동시장에서 여성들의 다른 구조적 위치는 같은 노동상황이 남녀별로 다르게 작용하는 배경이 된다.

현대사회에서 일어나는 많은 변화에도 불구하고 여성들이 가족과 맺는 관계 역시 규정적이다. 가정과 직장의 경계에서 여성들을 다르게 정의하는 사회적 인식의 틀은 여성과 가정과의 밀접한 연관관계를 당연시하면서 직장생활을 하는 여성들에게 실제로 많은 제약을 부과한다. 가정과의 일정한 거리를 인정받는 남성들과 달리 여성들은 가정과 직장이라는 이중 부담을 해결하여야 한다. 가족상황과 맺는 관계성은 여성들이 가지고 있는 조건적 불평등구조이다.

성에 따른 차이가 존재한다는 규정적인 일반화보다는 무엇이 그러한 차이를 유발하는지를 밝히는 구체적인 기제들에 대한 설명이 필요하다. 본 연구는 행위자들이 구성하는 노동태도들로서 직업만족(job satisfaction), 노동몰입(work commitment), 조직몰입(organization commitment)을 고려하고 노동현장에서 작용하는 다양한 맥락의 효과를 고찰하고자 한다. 첫째, 주요한 노동태도를 구성하는 기제로 볼 때 성에 따른 차이를 실제로 확인할 수 있는가. 둘째, 노동조건과 업무특성은 노동태도형성에 있어서 어떠한 효과를 가지는가. 성에 따라 다른 노동조건이나 업무가 부여된다고 할 때 노동특성의 효과가 가지는 함의는 무엇인가. 셋째, 가정 상황요인들은 노동태도에 대해 어떤 효과를 가지는가.

기존의 연구에서 가정의 영역은 노동 상황과 갈등을 일으키거나 노동 상황의 영향을 받는 의존적 영역으로 자주 다루어져 왔다. 노동의 영역이 사회적으로 인정받는 가시적 영역인 것은 틀림없는 사실이더라도 그러한 가치판단이 모든 사람들에게 동일하게 적용되거나 인과의 영향력의 방향을 어느 한 방향으로 결정할 수 있는 것은 아니다. 때로 가정생활의 문제가 직장 생활에 영향을 줄 수 있고 반대로 직장생활이 가정생활에 영향을 미칠 수 있다. 인과의 방향은 일방적이기보다는 상황에 따라 유동적이다.

1. 노동태도: 직업만족, 노동몰입, 조직몰입

노동자들이 노동 시장에 어떻게 참여하는가 하는 문제는 노동자들 개개인의 수준에서 중요할 뿐만 아니라 조직의 효율적인 경영의 측면에서도 주목을 받고 있는 중요한 문제이다. 노동자들이 자신의 직업과 자신이 일하고 있는 조직에 얼마나 만족하고 있으며 그에 대해 지향 혹은 몰입을 가지고 있는가 하는 문제는 노동자들의 자발적인 참여를 이끌어내는데 있어서 중요한 문제이다. 효율 중심의 미국식 경영이 한계에 도달하면서 대안적인 경영방식으로서 일본식 경영이 부각되면서 노동태도에 대한 관심은 새로운 경영방식의 주제가 되었다.

도어(Dore 1973)는 영국과 일본의 전자산업에 대한 비교 연구를 통하여 일본식 기업과 연관된 독특한 몰입의 체계에 대하여 분석하고 복지 조합주의(welfare corporatism)라는 개념으로 그 특징을 설명하고 있다. 연공제, 조직에의 강한 몰입을 보장하는 일본식 경영은 노동자들의 자발적 참여를 유도하여 높은 질을 갖춘 상품들을 효과적으로 생산하는 새로운 방식이다(Lincoln & Kalleberg 1990;

Snyder 1975).

노동자들의 몰입에 관한 이론적 논의는 유명한 사회학자들까지 거슬러 올라갈 수 있는 고전적 주제이다. 산업 발전의 단계가 변화하면서 나타나는 도덕적인 영향력과 권위의 발현적 근원에 주요한 관심을 가졌던 뒤르케임(Durkheim 1933)은 회사와 일체감을 형성하는 도덕적인 노동자상을 설정하고 있다. 기계적 결속 관계에서 유기적 결속 관계로 결속관계의 성격이 변화할 때 유기적 결속 관계에서 주체가 되는 것이 직업집단(occupational groups)이다. 그에 있어서 회사와 노동자의 관계는 갈등의 관계가 아니라 자신의 특정한 이해를 종속시켜 도덕적 주체로 활동하는 기업과 지적이고 도덕적인 동질감을 가지고 있는 노사 관계이다.

뒤르케임의 전통을 이어받아 일체감을 가진 노사관계를 논하고 있는 학자는 아우치(Ouchi 1980)이다. 그는 목적 불일치와 성과 모호성이라는 기준으로 조직유형을 분류하는데 시장(markets), 관료제(bureaucracies), 그리고 클랜(clans)이 대표적인 조직이다. 이 중 클랜에서의 노사관계는 기업이 노동자들에 대해 종사시간뿐만 아니라 부양자 수와 같은 비성과적 기준에 대해서도 보상하는 공동체적 관계이다. 이러한 조직에서는 개인과 조직의 강한 일체감으로 인해 기회주의가 일어나기 어렵고 명백한 감시와 평가가 요구되지 않는다는 점에서 관료제와 다르다. 클랜에서는 낮은 거래비용으로도 보상에 대한 평등이 이루어진다.

반면에 마르크스(Marx) 전통을 따르는 학자들은 조직 내의 갈등 상황을 기본적인 상황으로 설정하고 이에 대한 통제를 주된 관심으로 한다. 영향력 있는 조직이론가 중의 하나인 에드워드(Edwards 1979)는 조직 통제체계의 역사적 진화에 주목하고 미국의 회사들이 노동에 대한 강제적 통제에서 관료적 통제로 변화하고 있는 현상을 이론적으로 설명한다. 그에 따르면 관료적 통제는 노동자들의 몰입과 기업에의 의존을 최대화하는 것뿐만 아니라 계급 결속력을 해체하는 이중적인 목적을 추구한다는 것이다. 과거의 통제방식들—감독에 의한 개별적 지배, 과학적 경영, 그리고 기계속도에 맞추기—는 노동자들의 저항이나 기업 규모, 생산 기술, 시장의 성격의 변화로 인해 낡고 비효율적인 것이 되었다. 관료적 통제에서 노동자들은 더 이상 작업 하나 하나에 대한 성과로 평가되기보다는 회사 전체에 대한 몰입에 대한 평가에 따라 승진, 임금, 안정성, 그리고 부가 급부(fringe benefits)를 제공받게 되었다.

마르크시스트들 내에서도 통제 체계의 일방적인 강제성에 대한 관심에서 노동자의 자발성을 중시하는 새로운 통제체계로 관심의 전환이 일어났다(Edwards, Gordon and Reich 1975; Friedman 1977). 뷰러웨이(Burawoy 1983)는 자발적 몰입의 기반을 노동자들의 동의와 그에 따른 헤게모니라는 새로운 권위 유형으로 보다 구체적으로 개념화하고 있다. 그는 에드워드의 설명에 국가의 역할을 끌어들임으로써 변화의 과정에 대하여 보다 구체적인 설명을 하고 있다. 초기 자본주의의 강제적 통제는 완전히 다른 유형의 통제로 갑자기 바뀐 것이 아니라 일정 정도 잔재하여 있다가 규범적 통제를 통한 헤게모니적 통제로 변화한 것이다. 후기 자본주의에서는 임금을 정한다든지 혹은 제재를 가한다든지 하는 안건에 국가가 개입을 함으로써 경영진 쪽에서 노동자들의 협동과 재주를 끌어내야 할 필요가 있었기 때문이다. 헤게모니 제도(hegemonic regimes)에서는 노동자들도 회사 내에서 마치 민주사회의 시민처럼 책임과 권리를 동시에 갖는다. 그러나 뷰러웨이가 보기에 자본의 세계화와 경쟁의 강화로 인해 직장폐쇄와 산업재구조화의 위험에 직면해 있는 현재의 상황은 협동과 동의라는 노동자의 책임만이 보다 강조되어 헤게모니적 전제주의(hegenomic despotism)로 변화할 우려스러운 사태이다.

관료제적 통제방식에 대하여서는 고전 사회학자인 베버(Weber

1947)에 의해서도 논의된 바 있다. 강제적이고 조야한 직접 통제 수단에 비해 관료제적 통제는 비인격화된 공식 규칙을 적용함으로써 통제의 정당성(legitimacy)을 확보할 수 있다. 기업 내의 노동자들의 권리와 의무를 규정한 공식적인 규칙과 과정들을 포함하는 관료제가 법적이고 합리적인(legal-rational) 통제 체계의 핵이 될 수 있는 것은 바로 이러한 정당성의 논의가 가지는 호소력 때문이다. 산업 심리학에서 다루는 직업 만족이라든지 조직에 대한 몰입은 노동자들이 인지한 감정적으로 규정된 심리적 유대에 국한되어 있는데 반하여 관료제에 대한 논의는 작업장 권위(workplace authority)에 대한 노동자들의 애착이 단순히 애정이나 돈이 아니라 지배체계에 대한 정당성 인지에서 온다는 것을 명시하고 있다(Halaby 1986: 634). 이러한 정당성 인지가 뷰러웨이식으로 표현하면 노동자들의 동의를 생산하는 중요한 매개 메커니즘이 될 수 있다.

내부노동시장(firm internal labor markets)은 기업 내에 있는 노동자들에게 승진, 고용안정성, 여러 가지 부가급부(fringe benefits)를 부여하여 몰입을 유도하는 대표적인 시도이다. 내부 노동시장에 속하는 노동자들은 기업 특수적 훈련(firm-specific skills)을 갖추게 되어 다른 기업으로 쉽게 이동하기 어렵다. 이 밖에도 기업의 의사 결정에 노동자들이 참여하게 한다든지 다양한 하위 집단으로 나뉘어져 작업하게 함으로써 계급 내의 접촉보다는 계급 간의 수직적 접촉 회수를 늘리도록 유도하는 다양한 통제 전략들이 도입되었다.

이제까지 통제 방식에서는 어떻게 하면 효과적으로 업무를 통제할 것인가 하는 외적인 영역이 주요한 관심 영역이었다면 조직에서 생활하는 노동자들이 자신들의 업무를 어떻게 해석하고 참여하는가 하는 내부적인 영역이 새로운 관심영역으로 떠오른 것이 최근에 일어난 변화이다. 노동자들의 직업에 대한 만족, 일에 대한 몰입, 그리고 조직에 대한 몰입이 중요하게 된 것은 바로 이러한 맥락에서 비롯되었고 노동자들의 내부적 영역에 대한 관심은 단순히 심리적 차원에서가 아니라 노사관계에서 권위의 정당성을 확보하는 통제전략으로서 이해되어야 한다.

작업장에서 노동자들이 가지는 태도는 조직에 대한 몰입, 일에 대한 몰입, 그리고 일에 대한 만족도로 때로 서로 중첩되기도 하지만 때로 구분되기도 하는 몇 가지 다른 차원의 노동태도로 구분할 수 있다. 일본식 경영체계를 도입하면서 주요한 관심의 대상이 되었던 것은 조직에 대한 몰입이다. 조직적 몰입은 조직과 동일시하고 조직의 목표와 가치들을 자신의 것으로 받아들이는 것을 의미한다(March and Simon 1958; Salancik 1977). 조직적 몰입은 일 자체에 대한 몰입과는 다르다. 물론 자신의 노동 역할에 강하게 몰입하고 일에 커다란 중요성을 부여하는 사람들이 보다 기업이나 경영의 이익에 부합되는 행동을 할 것이다. 노동에 몰입하는 이들은 직업의 전문성이 중요하기 때문에 조직을 위하여 혹은 고용 관계를 유지하기 위하여 다른 대안적인 작업을 하도록 요구되는 것은 받아들이기 어렵다. 반면에 조직에 몰입한다는 것은 조직의 운명을 자신의 것으로 간주하여 조직에 충성하는 것을 의미하기 때문에 다른 좋은 대안들이 존재한다고 하여도 고용관계를 유지할 것이다.

문화적 관점에서는 몰입에 대해서 좀 다른 차원의 설명을 제시한다. 첫째는 일본 사회에서 몰입이라는 것은 그들의 전통적인 공유 가치나 믿음을 반영하는 것이라는 반영론(Odaka 1975; Sengoku 1985)이고 두 번째는 일본식 경영 방식은 기존의 제도적 환경이나 조직 환경의 배경이 되는 전통 규범이나 관습에 대한 제도적 동형화(institutional isomorphism)의 하나로 보는 일종의 조건 이론(contingency theory)이다(Lawrence and Lorsch 1967: DiMaggio and Powell 1983; Meyer and Scott 1983). 이러한 문화적 논의는 새로운 경영 방식에 대한 합리적 논자들이 포착하지 못한 중요한 점을 시사한다. 전통 규범이나 가치는 때로 노동자들 개인에게 집단 규범으로서 영향력을 행사할 수 있다(Lincoln & Kalleberg 1990). 다시 말하면 새로운 경영 방식에 대해 노동자들이 스스로 동의하거나 정당성을 부여함으로써 자발적으로 선택한 행위양식으로서 몰입이 아니라 무언의 집단 압력에 의해 어쩔 수 없는 선택으로서 몰입을 보였을 여지가 있다. 문화적 규범에 따른 몰입이 지배적 행위양식일 경우 그렇게 행동하지 않는 소수는 사회적으로 낙인 되거나 다른 불이익을 받을 수 있다. 따라서 지배 문화를 자신의 규범으로 동일시하지 않는 사람들은 예상되는 불이익 때문에 지배 문화 규범에 따르게 되어 자신의 조직에 몰입을 나타낼 여지가 충분히 있는 것이다.

조직 몰입의 배경에 관하여 다양한 설명이 존재하는 것은 조직 몰입의 개념에 일치되지 않는 복합적 요소가 존재하기 때문이다. 메이어 등(Meyer et al. 1993)은 조직 몰입의 다양한 측면을 정서적 몰입, 타산적 몰입, 규범적 몰입의 3가지 차원의 구성 요소로 분석적인 수준에서 설득력 있게 정리하고 있다. 정서적 몰입은 조직 구성원이 조직에 대해 갖는 긍정적 느낌에 의한 조직에 대한 애착을 의미한다. 타산적 몰입은 조직을 떠날 경우에 발생하는 비용에 대한 인식 때문에 조직에 전념하는 경우이다. 규범적 몰입은 조직의 목표와 가치를 내면화한 결과 형성된 조직에 잔류해야 된다는 의무감으로 인해 조직에 전념하는 경우를 의미한다. 이러한 3가지 조직 몰입 유형의 심리적 상태는 그 본질에 있어서는 각기 다르다. 정서적 몰입이 높은 구성원은 자신이 '원해서(want to)', 타산적 몰입이 높은 구성원은 자신이 '필요로 해서(need to)', 규범적 몰입이 높은 구성원은 자신이 '그렇게 해야 한다고 느끼기 때문에(feel that they ought to do so)'에 조직에 몰입하게 된다.

바로 이러한 맥락에서 직무 만족(job satisfaction)은 몰입의 문제와 반드시 일치하지 않을 수 있는 별개의 영역으로 고려되어야 할 중요한 노동자들의 감정적인 노동 지향성(work orientation)이다. 실제 경험적인 연구들은 만족하는 노동자들이 반드시 자신의 직무에 노력을 더 많이 쏟거나 관심을 가지는 것은 아닐 뿐 아니라 몰입과 만족과의 관계는 부정적일 수 있다는 점을 지적하고 있다. 왜냐하면 고용인들이 회사에 대한 동일시와 몰입의 정도가 아주 높다면 그들의 업무 수행에 대한 기대가 그만큼 높게 되고 따라서 불만을 표시하기도 더 쉽기 때문이다(Cole 1979).

조직 몰입이 다차원으로 구성되어 있기 때문에 몰입의 특성에 따라 다른 설명요인들이 고려되어야 한다. 직무 만족도 특정한 조직 몰입 변수와 연관을 맺을 수 있다. 메이어 등(1993)의 연구 결과에 따르면 타산적 몰입은 직무 만족에 대하여 부정적인 상관관계를 갖지만 규범적 몰입은 직무 만족과 긍정적 상관관계를 갖는다. 결국 노동태도에 대한 설명은 다양한 측면에서 설명되어야하고 직업 만족, 노동 몰입, 그리고 조직 몰입이라는 세 가지 차원에서 노동자들의 작업장에서의 심리적 기제를 보다 세밀하게 분석하고자 한다.

한편 노동자들의 심리적 기제에 대한 선행 연구들은 노동자들이 활동하는 가시적 영역인 작업장만을 단편적으로 다루고 있으며 그들이 밀접하게 관련된 또 하나의 장인 가족과의 관련을 도외시하고 있다. 남녀 모두에게 있어서 가족과 직장은 둘 다 중요한 활동의 영역이다. 여기서 다루고 있는 몰입이나 만족이 직접적으로는 작업장 영역에서 일어나는 일이지만 개인들은 가정이라는 영역에 동시적으로 존재하기 때문에 그 영향이 간접적으로 작업장 영역에서의 행태에 반영될 수 있다. 더구나 남성과 여성이 각 장에서 사회적으로 규정되는 위치가 다르다는 것이 사회적 기대뿐만 아니라 직접 행위 하는 개인들에게 지대한 영향을 끼치게 된다.

흔히 성에 대한 비교는 남성보다 여성이 직업에 대한 만족도가 높다거나 혹은 직업에의 몰입은 조직 생활에 더 오래 몸담을 남성의 경우가 높다는 식의 단편적인 비교에 국한되어왔다. 왜 남성과 여성 간에 차이가 발생하는가. 보다 근원적으로는 그들이 행위하고 있는 장과의 관련성이 서로 다르기 때문이 아닐까. 가정이라는 장과의 연관성을 탐구하는 것은 남성과 여성의 차이를 설명하는데 있어서 핵심적이다. 따라서 남성과 여성이 다르다는 단순한 비교를 넘어서서 그 차이를 설명할 수 있는 변수들을 노동영역과 가족 영역에서 추출하는 것은 의미 있을 것이다.

2. 연구 방법과 분석모형

본 장에서의 분석은 아시아 자료 중 일부 자료에 적용되었다. 연구 목적은 노동자들에게 중요한 두 가지 장(場)인 직장과 가정에서의 여러 요인들이 주요한 직업 태도들을 결정함에 있어서 어떻게 다른 효과를 가지는가 하는 것이다. 이러한 목적에 부합된 분석을 하기 위해 선택된 자료는 직장과 가정에 동시적으로 소속되어 있는 기혼자 중 상용근로자에 한하였다. 최종적으로 선택된 사례는 남자가 760명, 여자가 247명이다.

2.1 종속 변수: 노동태도

<표 31>에 제시된 바와 같이 일에 대한 태도를 나타내는 항목들 중 8개 문항을 선택하여 요인분석(factor analysis)을 하였다. 이때 추출된 노동태도변인들은 직장 생활에서 노동자들이 직업에 대해 가

지는 주관적인 태도들로서 본 연구에서 종속변수로 활용될 것이다.

요인 분석(factor analysis)을 통해 추출된 요인은 3개의 요인들이 있었는데 포함된 변수들의 성격에 따라 직무 만족, 노동 몰입[31], 조직 몰입으로 명명되었다. 이들 요인이 분석모델에 의하여 적절하게 추출되었는지를 확인하기 위하여 KMO(Kaiser-Meyer-Olkin measure of sampling adequacy)[32]의 값(.678)이나 바트렛(Bartlett's test of sphericity)[33]의 값(1369.78)을 살펴보았는데 요인 분석 값은 적절한 것으로 받아들일 수 있는 유의미한 결과였다. 주성분 분석(principal component analysis)에 의해서 추출되고 배리맥스(varimax)방법에 의해 회전한 후 추출된 요인들은 다음 <표 32>에서 제시된 것과 같다. 포함된 변수들의 특성들을 고려하여 요인들의 이름을 명명했고 이 때에 추출된 요인들은 노동자들의 노동 태도를 측정하는데 중요한 변수들인 직업 만족도, 노동 몰입, 그리고 조직 몰입이다. 이들 개념들은 상당 부분 상호 영향을 끼칠 수 있는 가능성이 있는 변수들이지만 완전히 중첩되지 않는 독자적인 영향력을 가지고 노동자들의 직장생활을 다르게 규정할 수 있는 중요한 노동 태도들이다.

---

31) 노동몰입에 속한 변인 jcom3은 공유치(communalities)가 높지 않으나 '일은 가장 중요한 활동이다'라는 일반적인 가치관이 노동몰입전반에 영향을 미칠 것으로 기대되어 분석에 포함시켰다.

32) Kaiser-Meyer-Olkin(KMO)는 관찰되는 상관계수들이 설명한 양을 부분상관계수들이 설명한 양에 대비하여 요인분석모델의 적절성을 재는 지표 중 하나로서 다음과 같이 계산된다;

$$KMO = (\Sigma\Sigma\ r^2_{ij})/(\Sigma\Sigma\ r^2_{ij} + \Sigma\Sigma\ a^2_{ij})$$

r_{ij} : 변수 i와 j사이의 단순상관관계(단, i≠j)
a_{ij} : 변수 i와 j사이의 부분상관관계

33) 바트렛 테스트는 상관관계 매트릭스가 identity matrix라는 영가설을 확인하는 검증이다. 만약 영가설을 거부할 수 없다면 요인분석모델을 사용하는 것에 대하여 다시 한번 고려하여야 한다.

<표 31> 일에 대한 태도를 나타내는 변수와 정의

변 수	정 의
ocom1	나는 초과 근무를 하거나 집에 일을 가지고 가는 일이 종종 있다(4점 척도)
ocom3	가능하다면 나는 이 회사/기관에서 평생 일을 하고 싶다(4점 척도)
jsat1	귀하의 능력과 작업 환경을 고려해 볼 때, 현재 귀하의 소득에 대해 어떻게 생각하십니까(5점 척도)
jsat2	처음부터 다시 시작할 수 있는 기회가 주어진다면 귀하는 현재 하고 있는 일을 다시 선택하시겠습니까(5점 척도)
jsat3	귀하는 전반적으로 현재 하고 있는 일에 대해서 만족하십니까(5점 척도)
jcom1	일을 하는 목적은 단지 돈을 버는 것에 있다(4점 척도)
jcom2	돈을 벌 필요가 없어도 나는 일하는 것을 즐길 수 있다(4점 척도)
jcom3	일은 가장 중요한 활동이다(4점 척도)

<표 32> 변수들의 기본적 특성들과 요인 분석

변 수	변수들의 기본 특성		공유치 (communalities)	요인 적재값 (rotated component matrix)		
	평 균	표준 편차		직업만족도	노동몰입	조직몰입
jsat3	3.25	.80	.702	.804		
jsat2	2.64	1.18	.576	.722		
jsat1	2.49	.67	.478	.686		
jcom2	2.57	.64	.692		.826	
jcom1	2.64	.72	.645		.794	
jcom3	3.10	.57	.155		.365	
ocom1	2.25	.85	.832			.910
ocom3	2.55	.73	.500	.430		.546

2.2 독립 변수

다변량 분석은 앞에서 설명된 요인 분석 결과 추출된 3가지 변인들을 종속 변수로 하여 남성과 여성의 집단 각각에 대하여 적용되었다. 노동태도를 결정하는 변수들로는 기본적 통제 변수가 되는 인구학적 변수들, 직업 특성들, 조직 특성들 그리고 가정생활과 관련되는 변수들을 고려하였고 남녀별로 그 기본적인 특성들을 다음 <표 33>에서 제시한다. 선별된 독립 변수들에 대하여 보다 구체적으로 설명하면 다음과 같다.

2.2.1 인구학적 특성들

성별 간에 주관적인 직업 태도들을 설명하는데 기본적인 차이를 가져올 수 있는 인구학적 변수들은 나이, 교육 수준이다. 특히 교육 수준은 인적 자본을 나타내는 대표적인 변수로서 남녀 간에 그 차이가 대체로 인정되고 있다. 직업상에 나타나는 많은 차별적 효과들이 실제로는 개인이 가지고 있는 기본적인 소향, 대표적인 것으로 인적 자본에서의 차이를 반영하는 것이지 단순히 성에 따른 차별현상은 아니라는 것이 차별론에 대해 제기되는 강력한 반론이다.

분석에 사용되는 기혼 상용근로자의 인구학적 특성을 <표 33>에서 살펴보면 연령 분포에 있어서는 남녀 간에 큰 차이를 발견할 수 없었고 다만 어린 자녀들을 출산하거나 양육하는 연령인 30-34세에 여성 근로자의 비율이 특별히 낮은 것으로 나타났다. 반면에 교육 수준은 남녀 간에 분포의 차이가 뚜렷하게 나타난다. 여성의 경우 중졸 이하의 낮은 학력자가 43.8%에 해당하고 전문대 이상의 학력을 가진 근로자는 15.5%에 불과하다. 남성의 경우는 중졸 이하의 학력자는 여성보다 현저히 낮은 18.55%이고 전문대 이상의 고학력자는 41.5%로 여성보다 상당히 많은 고학력자들이 피용 근로자로서 경제활동에 참가하고 있다는 것을 알 수 있다.

때로 여러 가지 인구학적 특성들은 개인 차이에 주요한 원인일 수 있다. 따라서 인구학적 특성만을 가지고 개인의 노동 태도를 분석하는 것이 얼마나 필요한지 분석의 초기 단계에서 살펴보는 것도 유의미하다. 또한 다음 단계에서 실제로 효과를 나타낼 수 있는 유의미한 효과들을 고려하고 나서도 그 효과가 유지되는지 혹은 인구학적 변수들을 통제하고 나서도 효과를 나타내는 다른 변인들은 어떤 것이 있는지 그 메커니즘을 살펴볼 수 있다.

<표 33> 기혼 상용 근로자의 남녀별 독립 변수들의 평균값과 분포

변 수	남 성	여 성	사 례 수
나 이(%)			1247
25-29	8.1	10.4	
30-34	25.3	16.8	
35-39	22.3	20.3	
40-44	18.0	17.4	
45-49	10.1	11.0	
50-54	8.1	12.4	
55-60	8.2	11.7	
교육수준(%)			1248
중졸 이하	18.5	43.8	
고 졸	40.1	40.7	
전문대	8.1	5.1	
대졸 이상	33.4	10.4	
평균 근속기간(년)	10.30	11.64	1248
평균 수입(만원)	1888.67	861.63	1248
규 모(%)			1248
대기업(500인 이상)	24.7	10.1	
중소기업(500인 미만)	75.3	89.9	
고용안정성존재(%)	29.2	32.9	1248
평균 노사관계(3점 척도)	2.44	2.49	927
평균 승진 가능성(3점 척도)	1.44	1.13	1028
평균 부가급부(항목수)	3.56	1.46	1248
업무순환성(4점 척도)	2.57	2.51	2.56
방식자율권(4점 척도)	2.60	2.52	1032
시간유동성(4점 척도)	2.02	2.18	1035
업무몰입도(4점 척도)	2.77	2.82	1033
결혼만족도(5점 척도)	3.93	3.70	1212
배우자수입평균(만원)	407.95	1705.39	1248
부부싸움정도(6점 척도)	1.88	1.87	1202
성가치관 1: 가사분배가치관(4점 척도)	2.80	2.89	1231
성가치관 2: 성공가치관(4점 척도)	2.17	2.21	1239

<표 34> 노동 상황과 가정 상황 변수와 정의

변 수	정 의
노사관계	1) 나쁜 편이다 2) 그저 그렇다 3) 좋은 편이다
승진가능성	1) 없는 편이다 2) 있는 편이다 3) 매우 많다
부가급부 (6개 항목)	의료 또는 생명보험, 유급병가, 퇴직금제도, 자녀교육비 보조, 저리융자, 주택제공 또는 주택마련보조
업무순환성	새로운 것을 배울 수 있는 정도 1) 전혀 그렇지 않다 2) 그렇지 않다 3) 그렇다 4) 매우 그렇다
방식자율권	노동방식을 스스로 결정할 수 있는 정도 1) 전혀 없다 2) 없다 3) 있다 4) 매우 있다
시간유동성	근무시간을 유동적으로 조절할 수 있는 정도 1) 전혀 그렇지 않다 2) 그렇지 않다 3) 그렇다 4) 매우 그렇다
업무몰입도	일할 때 시간이 빨리 간다고 느끼는 정도 1) 전혀 그렇지 않다 2) 그렇지 않다 3) 그렇다 4) 매우 그렇다
결혼만족도	1) 전혀 만족스럽지 못하다 2) 만족스럽지 못하다 3) 표현하기 어렵다 4) 만족스럽다 5) 매우 만족스럽다
배우자수입	배우자의 연평균 총수입(단위: 만원)
부부싸움정도	부부사이에 심각한 의견충돌이 있는 정도 1) 지금까지 한두 번 2) 일년에 한두 번 3) 한달에 한두 번 4) 일주일에 한두 번 5) 매일
가사분배가치관	아내가 일을 한다면 남편이 가사분담을 해야 한다 1) 전혀 그렇지 않다 2) 그렇지 않다 3) 그렇다 4) 매우 그렇다
성공가치관	남편의 사회적 성공이 곧 아내의 성공이다 1) 매우 그렇다 2) 그렇다 3) 그렇지 않다 4) 전혀 그렇지 않다

2.2.2 노동 조건

노동시장에서 개인들의 불평등한 기회구조와 지속성을 확인한 4
장과 5장의 분석결과에 따르면 공식적인 노동 시장 내에서 여성들
은 남성들에 비해 여러 가지 열악한 노동 조건을 가지고 있다. <표

33>에서 근속기간, 임금, 승진 가능성, 부가급부라는 노동조건에서 나타나는 전반적인 남녀별 직업 특성들을 살펴보았다. 모두 상용 근로자들임에도 불구하고 여성과 남성은 평균 임금에 있어서 실제로 큰 차이를 보이고 있다. 또한 남성들은 훨씬 많은 부가급부를 받고 있었는데 이러한 현상은 내부 노동 시장이 발달한 대기업에 남성들이 많이 근무함으로써 나타나는 현상이라고 생각된다. 그러나 예상과 달리 승진 가능성과 근속 기간은 평균적인 특성들에서 크게 차이가 나지 않는 것으로 나타났다.

조직에 따라 노동자들이 경험하는 노동 조건들은 다르다. 더구나 우리나라의 경우는 대기업을 중심으로 경제 발전이 이루어졌고 규무에 따른 노동 조건들의 차이는 여러 연구들에서 보고 되고 있다. 직무에 따라 업무가 세분화되어 있는 서구와 달리 조직 중심으로 내부노동시장이 구성된 우리 사회에서 노동자들이 어떠한 조직에 속해있는가 하는 문제는 그들이 노동생활에서 경험하는 여러 가지 요소들을 결정하는 중요한 요인이다.

부가급부, 노사관계, 고용안정성, 회사규모 등 회사가 노동자들에게 제공하는 노동조건을 대변하는 변수들은 특히 조직몰입에 직접적인 효과를 가질 것이다. 고용안정성과 부가 급부를 제공하는 회사는 내부 노동 시장이 발달하여 있을 가능성이 높고 이러한 회사에서 노동자들은 보다 회사에 충성심을 보이게 될 것이다. 이 밖에 직무만족이나 노동몰입에도 기업이 제공하는 노동조건들은 회사단위의 경험을 달리 구성하여 노동자들이 가지는 주관적 태도들에 간접적인 영향을 미칠 수 있다.

2.2.3 업무 특성

업무 특성들은 노동자들이 노동현장에서 어떠한 일을 하는지를 구체적으로 드러낸다. 앞에서 살펴본 노동조건들이 외적인 노동특성들을 나타낸 것이라면 구체적인 일의 내용과 성격을 고려하는 것은 보다 내적인 노동 역할에 대한 관심이다. 특히 성별 분업구조에서 직업에 따른 범주적인 분리보다 직업 내에서의 업무분리가 여성들의 노동 상황을 다르게 하는 주요한 원인이라고 할 때(Baron and Bielby 1985) 업무특성은 성별에 따라 다른 노동경험을 이해하는데 고려되어야 할 중요한 요인이다.

분석에서 고려된 업무 특성들은 업무순환성, 방식자율성, 시간유동성, 업무몰입도이다. <표 33>에서 제시된 평균적인 특성들을 비교해 볼 때 전반적인 특성에 있어서 남녀 간의 차이는 그다지 두드러지지 않았다. 다만 시간유동성과 업무몰입도가 여성의 경우 조금 높은 것으로 나타났는데 이것은 가정과 노동의 이중 부담을 해결해야하는 여성들이 시간에 대한 제약을 해결하기 위해 시간적으로 유동적인 직무를 선택하는 경향이 있는 것을 미약하나마 반영한다. 그러나 분석에서 보다 중요한 것은 이러한 업무 특성들이 작업장에서의 주관적인 태도형성에 어떠한 효과를 가지는가와 그러한 효과들이 성에 따라 어떻게 다르게 나타나는지를 확인하는 것이다.

2.2.4 가정 상황

가정생활 요인들이 노동 시장과 맺는 관련에 대해 관심을 가지기 시작한 것은 얼마 되지 않는다(England & Farkas 1986; Blumberg 1991; Goldsmith 1989). 개인들에게 중요한 활동 영역이 되는 가족과 노동의 영역이 서로 밀접한 연관을 가지고 있다는 기본 전제에 대해서는 학자들 간에 합의가 가능하다. 그러나 실제 연구에서 이러한 합의가 얼마나 반영되었는지 그리고 어떻게 반영되어야 하는지에 대해서는 이론의 여지가 많다.

가족특성들을 고려하는 다양한 연구들에서 공통적으로 지적하고 있는 것은 경제활동참여여부와 같은 단편적인 고려보다 구체적인 가정특성들을 직접 포함시켜야 가족과 노동의 실제적 연관관계를 파악할 수 있다는 것이다(Voydanoff 1989). 작업장에서 노동자들의 주관적인 노동 태도들에 미치는 영향을 분석하기 위하여 고려된 변인들 가운데 가정생활과 연관된 것들은 다음과 같다34): 결혼만족도, 배우자의 임금, 남편과 싸우는 정도, 가사노동 분배에 대한 성가치관(성가치관1), 성공에 대한 성가치관(성가치관 2). 노동 조건이나 특성들을 통제한 상태에서도 이러한 변인들이 개인들의 노동 태도들에 대해 효과를 가지는지 그리고 그러한 효과들이 성에 따라 어떻게 다르게 나타나는지를 분석해봄으로써 노동 현장뿐만 아니라 가정 상황을 복합적으로 고려하여 노동태도를 이해하고자 한다.

3. 노동태도의 성별 차이

노동 태도들에 대한 요인 분석(factor analysis) 결과를 토대로 하여 추출된 3가지 요인들, 즉 직무만족, 노동몰입, 조직몰입에 대하여 다변량 회귀분석(multivariate regression analysis)을 하였다. 앞서 논의된 인구학적 특성들, 노동 상황변수들, 가정 상황 변수들은 종속 변수의 성격이나 각 범주의 분석 효과에 따라 적절히 가감되

---

34) 여기 제시된 변인 외에 자녀의 수, 특히 그 중에서도 6세 이하의 어린 자녀의 수도 유의미한 효과를 나타내는 변수들로 생각해 볼 수 있다. 그러나 실제 분석에 포함한 결과 그 효과가 통계적으로 유의미하게 나타나지 않아서 최종 분석에는 포함하지 않았다.

있는데35) 노동 태도에 대한 모든 분석에서 노동 상황과 가정 상황에 대한 변수들은 상당히 유의미한 효과를 나타내었고 설명기제에 있어서 남녀 간에 차이를 확인할 수 있었다. 따라서 사회적으로 인식된 혹은 개인적으로 체화된 성에 대한 역할 인식 그리고 개인들이 부딪히는 생활환경의 차이로 인해 나타나는 성별 차이들을 분석하기 위해 가정과 노동이라는 두 개의 장을 적절히 고려하는 것은 노동생활에서 나타나는 차이들을 단순히 개인의 심리적 상태로 사변화 하는 것을 넘어서 각 개인이 속한 장과의 사회적 연관관계를 밝힌다는 점에서 의미 있는 시도였다.

3.1 직업 만족도

주요한 노동 태도로 추출된 첫 번째 요인인 직업만족도에 대해서 세 가지 모델에 따라 분석한 결과는 <표 35>에 제시된 바와 같다. 모델 1은 인구학적 특성만을 고려한 분석 모델, 모델 2는 노동조건과 업무특성들을 포함하여 노동 상황변수들을 추가한 모델, 그리고 모델 3은 가족 상황변수들을 추가로 고려한 모델이다.

직업만족도는 인구학적 특성들만 고려한 기본모델(모델 1)에서 남성의 경우 3.1%, 여성의 경우 5.3%로 지극히 적은 부분만 설명되었다. 직업만족도는 실제로 일반적인 인구학적 특성에 따라 달라지기보다는 노동 상황 변수들과 직접적으로 관련된 문제이다. 노동 상황 변인들을 고려한 모델 2에서 남자의 경우 19.9%, 여자의 경우

---

35) 기본적으로는 모든 분석에서 앞에서 고려된 모든 변수들의 효과에 대한 탐색작업을 거쳤다. 그러나 최종 분석 결과에서는 분석 효과가 유의미하지 않은 변수들이 너무 많이 포함되는 것을 피하기 위해 그 변수의 통제 효과가 반드시 필요하다고 인정되지 않는 한 분석 결과에는 그 변수들을 포함하지 않았다.

는 26%로 설명력이 상당히 높아졌다. 남자의 경우는 다른 노동 상황 변수들을 통제한 상태에서도 고졸자의 직업만족도가 중졸자에 비해 떨어지는 것으로 나타났다. 노동 상황 변수들은 직업만족도에 전반적으로 큰 영향을 미치고 있는 것으로 나타났는데 모델 2에서 고려된 변수들 중 가장 큰 영향력을 나타내고 있는 변수들 세 가지는 β값으로 볼 때 노사관계, 업무순환성, 임금이었다. 업무순환성이 한 단위 높아짐에 따라 직업 만족도는 .29만큼 올라가며 노사관계에 대한 평가가 좋을수록 직업만족도는 높아지고 임금이 높을수록 직업만족도는 올라간다. 이 밖에 승진가능성에 대한 기대감이 높을수록 직업만족도는 높아지며 고용안정성이 있다고 생각하는 사람들이 그렇지 않다고 생각하는 사람들에 비해 직업만족도가 높은 것으로 나타났다. 여성의 경우도 주요한 세 가지 노동 상황변수들의 영향력이 직업만족도에 유의미하고 높은 영향력을 가진 것으로 나타났는데 상대적 영향력에 있어서 업무순환성이 가장 높았고 노사관계와 임금의 영향력이 그 다음으로 유의미한 영향력을 가지는 요인이었다. 노사관계나 임금 같은 노동조건들과 업무순환성이라는 업무특성은 남녀 공통적으로 직업만족도에 영향을 미치는 유의미한 변수들이다.

모델 3에서는 인구학적 특성들, 노동 상황 변수들과 더불어 가정 상황변수들이 분석에 포함되었다. 모델 2까지는 여성과 남성이 크게 다른 특징을 보이지 않았으나 가정 상황변수들을 고려하면서 여성과 남성의 차이가 드러났다. 남성들의 경우는 가정 상황변수들을 통제한 후에도 그들의 직업만족도에 미치는 영향력의 크기로 볼 때 가장 큰 영향력을 미치는 세 가지 변수들은 노동 상황 특성들인 노사관계, 업무순환성, 임금으로 모델 2의 경우와 마찬가지였다. 고졸자의 경우 중졸자에 비하여 낮은 직업만족도를 나타내는 현상도 지속적으로 나타났고 노동 상황에 관한 거의 모든 변수들(고용안정성만 제외)은 남성들의 경우 유의미한 효과를 나타내었다. 근속기간이 오래되고 임금이 높을수록 직업만족도는 높은 것으로 나타났다. 또 승진가능성이 높고 노사관계에 대한 평가가 높을수록 직업만족도가 높으며 직무의 성격상[36] 업무순환성이 높을수록 직업만족도는 높게 나타났다. 남성들의 경우 가정 상황변인들 중 결혼만족도는 직업만족도에 유의미한 효과를 가지는 요인이었는데 결혼만족도가 높을수록 직업만족도가 높았다. 또 부인의 임금이 낮을수록 남성의 직업만족도는 높게 나타났는데 이러한 현상은 생계부양자로서 남성의 우선적인 책임의식, 가부장제에서 남성의 우월의식이 어떠한 효과를 나타내는지를 간접적으로 시사하고 있다.

여성들의 경우는 예측했던 바와 같이 가정 상황요인들이 직업만족도에 큰 영향을 끼치는 것으로 나타났다. 여성들의 직업만족도에 상대적으로 큰 영향을 끼치는 변수들은 임금, 업무순환성이라는 노동 상황 특성들 외에 부부싸움정도, 가사분배가치관(성가치관1)이라는 가정 상황변수를 포함한 네 가지 요인들이었다. 통계적으로 유의미한 효과들만을 살펴보면 노동 상황 특성들 중에는 임금, 승진가능성, 업무순환성, 노사관계의 네 가지 요인이 그리고 결혼상황 특성들 중에는 부부싸움정도, 가사분배가치관의 두 요인이 직업 만족도에 영향을 끼치는 요인들로 확인되었다. 임금이 높고 승진가능성이 높을수록 그리고 하고 있는 직무의 업무순환성이 높고 노사관계에 대한 평가가 좋을수록 직업 만족도는 높았다. 여성들에게 가정 상황특성들은 큰 영향력을 가지는 요인들이었는데 부부싸움정도가 잦을수록 직업만족도는 낮았고 가사분배에 관한 성가치관이 진보적일수록 직업에 대한 만족도는 높았다. 여성의 경우 가정과 직

---

36) 업무순환성외에 직무 성격을 나타내는 다른 변수들의 효과도 탐색되었으나 통계적으로 유의미한 효과를 나타내지 않는 것으로 나타나 최종 결과에서는 제외되었다.

장을 병행하기 위해서는 사회적으로 여성의 우선적인 책임영역이라고 생각되는 가정생활의 많은 문제들이 걸림돌이 된다. 이러한 문제들을 어떻게 해결하고 있는지를 시사해주는 부부싸움 정도라든지 가사노동의 분배에 대한 가치관은 여성의 직업만족도를 설명하는데 있어서 중요한 설명요인이 되고 있다.

<표 35> 직업만족도에 대한 남녀별 회귀분석

변 수	모델 1		모델 2		모델 3	
인구학적 특성들	남 성	여 성	남 성	여 성	남 성	여 성
연 령	.012**	.016	.005	.007	.004	.005
교육수준(기준: 중졸 이하)						
고 졸	.071	.536**	-.329**	.092	-.335**	.203
대 졸	.390**	.782**	-.217	.07	-.222	.127
노동특성들						
근속기간			.009	-.002	.012*	-.005
승진가능성			.106*	.089	.105**	.211*
업무순환성			.289**	.387**	.279**	.402**
노사관계			.368**	.388**	.335**	.289*
임 금			.0002**	.0003**	.0002*	.0004**
고용안정성(기준: 무)			.151*	.261	.120	.127
가정생활특성들						
결혼만족도					.220**	.010
배우자임금					-.00009*	-.0001
부부싸움정도					-.013	-.190**
가사분배의식(성가치관 1)					.079	.333**
상수항	-.689**	-.930*	-2.481**	-2.835**	-3.366**	-3.49**
R^2	.031	.053	.199	.260	.240	.369

* p<.05 ** p<.01

노동 상황 특성들과 함께 가정 상황 특성들을 고려한 모델 3에서 전반적으로 설명력은 높아졌는데 남성은 24%, 여성은 36.9%로 특히 여성 집단에 대한 설명력이 가정 상황특성들을 고려함으로써 높아졌다. 분석 결과를 종합하여 볼 때 남성과 여성 모두에게서 노동 상황 특성들뿐만 아니라 가정 상황 특성들의 효과가 유의미하다는 것을 확인할 수 있었다. 일반적으로 여성이 남성에 비해 직업만족도가 높은 것으로 나타나고 있다. 이러한 성간에 나타나는 직업만족도에 있어서의 차이는 단순히 노동현장만을 고려하여서는 정확히 판단할 수 없다. 노동 시장에서 남성과 여성의 위치를 확인하는데 있어서 그들이 관계된 두 가지 장의 특성인 노동 상황과 가정 상황과의 연계관계를 고려하는 분석 방법은 유효했다.

3.2 노동몰입

여성이 남성에 비해 일반적으로 낮은 노동몰입을 보인다면 그것을 설명하는 요인들은 어떤 것들이 있을까. 그것은 분명 여성성 혹은 남성성이라는 추상적인 것으로 치부할 수 없는 상황적 요인들, 다시 말하여 여성과 남성이 처한 사회적 상황의 차이에서 비롯된 것일 것이다. 노동몰입에 대해 앞에서와 마찬가지로 세 가지 모델을 테스트해 본 결과 이러한 상황적 요소들에 관하여 구체적으로 확인 수 있었다.

모델 1에서는 인구학적 특성들인 성과 학력이 노동몰입을 얼마나 설명하는지를 검토하였다. 남성의 경우는 다른 요인들을 포함하지 않은 상태에서 모든 인구학적 변수들이 노동몰입을 유의미하게 설명하는 변수였다. 연령이 높을수록 노동몰입도가 높았고 중졸자에 비해 고졸자와 대졸자 모두 높은 노동몰입을 나타내었다. 반면에 여성은 학력 변인만이 유의미하였는데 중졸자에 비해서 대졸자와 고졸자 모두 높은 노동몰입을 나타내었다. 모델 1에서 노동몰입은 남성의 경우 4.9%, 여성의 경우 12.2% 설명되었다.

모델 2에서는 인구학적 특성들 외에 노동 상황 변인들을 포함하였다. 남성의 경우는 노동 상황 변인들을 통제한 후에도 인구학적 특성들에 따라 노동몰입이 다르게 나타났다. 연령이 높을수록 노동몰입이 높게 나타나고 중졸자에 비해 학력이 높은 대졸자, 고졸자의 순으로 노동몰입이 높았다. 근속기간이 길수록 오히려 노동몰입은 낮았다. 임금이나 승진가능성과 같이 직업에 대한 물질적 보상과 관련된 요소들은 노동몰입에 관련된 다른 요인들을 통제하였을 때 유의미한 효과를 나타내고 있지 않았다 업무특성은 노동몰입과 직접적으로 연관을 가지는데 업무순환성이 한 단위 높아짐에 따라 노동몰입이 .143만큼 높아지며 방식자율성이 한 단위 높아짐에 따라 노동몰입이 .120만큼 높아진다. 여성의 경우도 상대적으로 높은 학력을 가진 사람들이 노동몰입이 높은 것으로 나타났다. 남성과 달리 여성은 근속기간이 길수록 노동몰입이 높았다. 또 여성은 업무특성들 중에서 시간유동성이 노동몰입에 유일하게 통계적으로 의미 있는 효과를 가지는 요인이었다. 시간유동성이 한 단위 높아짐에 따라 노동몰입은 .169만큼 높아진다. 모델 2를 통해서 남성은 7.6%, 여성은 18.5% 노동몰입에 대하여 설명되었다.

모델 3에서는 인구학적 특성들, 노동 상황 변인들과 함께 가정 상황변인들이 분석에 포함되었다. 성별 차이는 가정 상황변인들을 고려함으로써 극명하게 드러난다. 남성의 경우는 고려된 가정생활의 어떤 변인들도 노동몰입에 유의미한 효과를 나타내지 않았다. 이것은 아마 남성과 노동의 밀접한 연관관계를 규정하는 사회적 인식과 그것의 사회화로 인한 결과일 것이다. 남성은 가정생활과 관계없이 공식적인 노동시장에서 일을 하는 것이 일반적이고 이러한 통념은 남성이 처한 상황과는 크게 관련 없이 미리 정해진 것이다. 남성의 경우에 노동 몰입을 결정하는 요인들은 연령과 학력을 포함한 인구학적 변수들과 근속기간과 업무순환성을 포함한 노동 상황 특성들이다. 연령이 높을수록 노동몰입이 높고 고학력 소지자들이 높은 노동몰입을 나타낸다. 근속기간은 남성들의 노동몰입에는 부정적인 효과를 보여 근속기간이 높을수록 오히려 노동몰입은 낮아지는 것으로 나타났다. 업무순환성이 높을수록 노동몰입은 높은데 업무순환성이 한 단위 증가할 때마다 노동몰입은 .136만큼 증가한다. 이를 통해 업무가 계속 새롭고 흥미를 자아내어야 노동자들의 노동몰입도 높아진다는 것을 알 수 있다.

반면에 여성들의 경우는 남성들과 다른 노동 상황 특성들이 영향력을 가지는 것으로 나타났고 가정 상황요인들이 노동몰입에 중요한 영향을 미치는 것으로 나타났다. 업무 특성 중 여성들의 노동몰입에 영향을 주는 요인들은 남성들과 달리 시간유동성과 업무몰입도이다. 이들 변수들은 모두 시간과 관계된 요인들로 가정생활과 노동생활의 이중부담으로 절대적인 시간문제를 가지고 있는 여성들이 겪는 어려움을 시사해준다고 하겠다. 가정생활과 연관된 변수들로는 부부싸움정도, 가사분배가치관(성가치관 1), 성공가치관(성가치관 2)이 여성들의 노동몰입에 영향을 주는 요인들이었다. 앞서 언급했듯이 시간적 문제를 해결해야하는 여성들이 가정과 직장의 일을 경영하는데 관련된 가치관은 직장생활의 적응에 있어서 중요한 문제이다. 가사분배가치관은 직장생활을 하는 여성이 남편의 도움을 얼마나 편안하게 생각하는지 하는 가정 경영의 문제와 관련된 가치관이고 성공가치관은 자신의 직업 성공을 남편의 성공에 대해 얼마나 부차적으로 생각하는지, 다시 말하여 자신의 노동 가치를 얼마나 스스로 인정하는지와 관련된 가치관이다. 이들 두 가치관은 가정과 직장의 조화를 맞춰야 하는 여성들의 현실적인 문제와 관련하여 여성의 노동 몰입에 상당한 영향력을 가지는 것으로 나타나고 있다. 또 남성과 달리 여성은 근속 기간이 길어질수록 노동몰입을 더 나타내고 있으며 임금은 오히려 노동몰입에 부정적인 영향을 미치는 것으로 나타났다.37) 이 밖에 인구학적 특성들 가운데서 여성들의 경우도 고학력일 경우 노동몰입이 높은 것으로 나타났다.

노동몰입에 대한 분석결과 모델 3에서 남성의 경우는 그다지 많은 변량이 설명되지 않았으나(.080) 여성의 경우는 23.2%가 설명되었다. 이러한 결과는 여성들의 노동생활을 이해하기 위해서는 가정 상황특성들을 고려하는 것이 분석에 중요한 의미를 가지고 있다는 점을 다시 한번 확인해 주고 있다. 그동안 노동 상황 특성들만을 포함시킨 노동 시장 연구들은 분석 무형 자체가 남성에 지향점을 가지고 있었다. 노동몰입에 대한 남성과 여성 집단에 대한 분석 결과로 볼 때 남성들과 다른 여성들의 노동활동특성들이 그들이 처한 특수한 상황에 의해 어떻게 설명될 수 있는지를 알 수 있다.

---

37) 여성의 경우 나타나는 이러한 결과는 임금과 근속기간의 음의 상관관계(-.284)에서 비롯된다. 실제로 노동몰입과 단순상관관계에 있어서는 근속기간과 임금은 모두 양의 상관관계를 나타내는데 그 값은 그다지 크지 않다. 결국 분석에서 나타난 소득이 노동몰입에 미치는 음의 상관관계 효과는 이들 변수들이 노동몰입과 가지는 관계의 정도가 그다지 강하지 않을 때 다른 관계된 변인들을 통제하면서 나타나는 결과로서 해석될 수 있다.

<표 36> 노동몰입에 대한 남녀별 회귀분석

변 수	모델 1		모델 2		모델 3	
	남 성	여 성	남 성	여 성	남 성	여 성
인구학적 특성들						
연 령	.016**	-.002	.025**	-.01	.027**	-.02
교육 수준 (기준: 중졸 이하)						
고 졸	.300**	.534**	.236**	-.541**	.221*	.418
대 졸	.604**	.972**	.484*	1.011**	.457**	.703*
노동 상황특성들						
근속기간			-.016**	.024*	-.017**	.03*
임 금			9.56E-06	-2.10E-04	1.79E-05	-3.08E-04*
승진가능성			.048	-.056	.063	-.067
업무순환성			.143**	.199	.136*	.157
방식자율성			.120*	.029	.104	-.004
시간자율성			.046	.169*	.058	.167*
업무몰입도			.023	-.164	.031	-.282*
가정 상황특성들						
결혼만족도					.018	.075
배우자임금					2.37E-05	8.88E-05
부부싸움정도					.02	.116*
가사분배의식 (성가치관 1)					.058	.244*
성공가치관 (성가치관 2)					.027	.273*
상수항	-.985**	-.481	-2.029**	-.485	-2.45**	-1.516
R^2	.049	.122	.076	.185	.080	.232

* p<.05 ** p<.01

3.3 조직몰입

조직 몰입은 개인이 조직과 동일시하는 정도를 말하는데 이 때의
개인들은 마치 자신들의 일처럼 조직을 위하여 일한다(Halaby
1986). 원래 정의에 따르면 조직에 몰입하는 개인들은 아주 작은 물
질적 유인이 제공된다고 하더라도 자신이 일하고 있는 조직을 떠나
지 않는 충성심을 보인다. 그러나 본 자료에서 요인분석을 해본 결
과 물질적 유인에도 불구하고 조직을 떠나지 않겠다는 항목은 다른
요인들에 비해 지나치게 낮은 적재값(loading value)을 가지기 때문
에 제외되었다. 대신에 현재 자신이 다니는 회사에서 평생 경력을
소망하거나 집에서까지 초과근무를 한 정도로 회사에 충성하고 있
는 정도로 조직몰입을 조작화 하였다.

조직 모델에 관한 분석은 네 가지 모델을 통해 단계적으로 분석
하였다. 앞에서의 분석과 달리 조직몰입은 조직의 성격에 따라 다
르게 나타날 소지가 많기 때문에 조직성격을 대표할 수 있는 몇 가
지 요인들을 추가로 분석에 포함하였다. 모델 1은 인구학적 특성들
만으로 종속 변수가 얼마나 설명되었는지를 살펴본 첫 번째 단계의
모델이다. 남녀 모두의 경우 조직몰입은 인구학적 특성들만으로는
크게 설명되지 않았다. 남자의 경우는 대졸집단이 중졸집단에 비해
높은 조직몰입을 보였고 여자의 경우는 고졸집단이 그러한 성향을
보였다. 이 때 설명된 조직몰입 변량은 남자가 2.8%, 여자가 2.8%
이었다.

모델 2는 인구학적 특성들과 더불어 노동조건을 고려한 모델이
다. 남성들의 조직몰입을 설명하는 요인으로서 상대적 영향력이 큰
것은 임금(통계적으로 유의하지는 않지만)과 회사 규모 변인이었다.
대규모 회사(고용인 500인 이상)에 다니는 사람들이 중소기업에 다
니는 사람들보다 조직몰입이 높은 것으로 나타났다. 대규모 회사에

서 내부노동시장이 존재한다면 노동자들의 조직몰입은 높게 나타날 것이다. 여성들의 경우는 임금수준이 상대적 영향력에 있어서 가장 크고 통계적으로 유의미한 유일한 변수이었다. 조직의 특성들은 여성들의 조직몰입을 다르게 하는데 커다란 영향을 미치지 않는 것으로 나타났다. 모델 2에서 조직몰입은 많은 부분 설명되지 않았는데 남성은 이 모델에 의해서 7.2%, 여성은 9.4%가 설명되었다.

모델 3은 업무 특성들을 추가로 고려한 모델이다. 노동자들이 실제로 하고 있는 업무의 구체적인 특성들이 조직몰입을 결정하는데 중요한 역할을 하고 있다는 사실을 분석 결과를 통해 확인할 수 있었다. 업무 특성들을 고려한 후 모델의 설명력은 높아져서 남성은 13%, 여성은 19.6%가 설명되었다. 남성의 경우 조직 몰입에 통계적으로 유의미한 영향을 미치는 요인은 앞서 확인된 규모변인과 더불어 업무순환성, 업무몰입도이다. 업무순환성과 업무몰입도는 상대적 영향력에 있어서 가장 큰 두 개의 요인들이다. 조직몰입은 업무순환성이 한 단위 높아짐에 따라 .261만큼 높아지며 업무몰입도가 한 단위 높아짐에 따라 .226만큼 높아진다. 여성들의 경우도 업무순환성은 상대적으로 영향력이 큰 변수이어서 업무순환성이 한 단위 높아짐에 따라 조직몰입도는 .514만큼 높아진다. 이 밖에 여성들의 경우는 근속기간이 조직몰입도에 양의 상관을 보여 근속기간이 길어질수록 조직몰입도가 높은 것으로 나타났다.

모델 4는 인구학적 특성, 노동조건, 업무특성, 그리고 가정 상황 특성을 종합적으로 고려한 모델이다. 조직몰입을 설명하는데 있어서 가정 상황특성을 고려하는 것은 남성과 여성 모두에 있어서 설명력을 높였는데 남성의 경우는 종속 변수 분산의 16.6%, 여성의 경우는 33.5%가 가정 상황특성들을 추가로 고려한 모델에 의해서 설명되었다. 보다 구체적으로 조직몰입에 영향을 미친 요인들을 살펴보면 남성의 경우는 조직특성, 업무특성, 그리고 결혼만족도가 조직몰입에 영향을 유의미하게 미치는 요인들이었다. 대기업에 다니는 남성들이 조직몰입이 높은 현상은 지속적으로 나타났고 조직에서 부가급부를 많이 제공할수록 조직몰입은 높게 나타났다. 또한 업무순환성이 높을수록 그리고 업무몰입도가 높을수록 조직몰입은 높게 나타났다. 반면에 결혼만족도는 조직몰입과는 음의 상관관계를 나타내어 결혼만족도가 높을수록 조직몰입은 낮게 나타났다.

　여성들의 경우는 남성들과 조금 다른 양상을 보였다. 조직 특성들은 여성들의 조직몰입에는 유의미한 효과를 나타내지 않았다. 업무순환성은 여성들에게서도 조직몰입에 높은 영향을 끼치는 변수이었고 그 밖에 업무특성으로 방식자율성이 높을수록 조직몰입은 높게 나타났다. 노동몰입과 마찬가지로 여성들은 근속기간이 오래될수록 조직몰입이 높게 나타났다. 여성들의 경우는 진보적인 가사분배가치관을 가지고 있을수록 조직몰입은 낮은 것으로 나타났다. 진보적인 것은 보통 무엇에 헌신한다는 충성심과는 좀 거리가 있다. 진보적인 사람들은 조직이든 가정이든 무엇에 얽매이기보다는 자신의 개인적 판단에 보다 충실할 것으로 보인다. 그 밖에 결혼생활만족도는 남성들과 마찬가지로 조직몰입에 음의 상관관계를 가지는 요인이었다. 결혼생활이 만족스러운 사람들은 조직에 몰입하기보다는 가정을 보다 중시하기 때문에 이러한 현상이 나타난다고 추정된다.

　조직몰입은 전반적으로 보면 남성에게서 더 높게 나타난다. 이러한 성별차이는 여성이 노동에 대해 덜 헌신하는 성향적 차이에서 비롯된 것이라기보다는 여성과 중요한 관련을 맺고 있는 또 하나의 장인 가정과의 연관 속에서 이해되어야 한다. 여성뿐만 아니라 남성들에게 있어서도 가정과의 관련이 조직몰입에 영향을 끼치는 요인이었다. 남녀 모두 조직몰입에 영향을 미치는 요인은 업무특성 변수들이었다. 조직특성은 남성의 경우에만 유의미하게 조직몰입에 영향을 미쳤다.

직업만족도, 노동몰입, 조직몰입에서 업무특성은 공통적으로 주요한 효과를 가지는 요인이었다. 특히 업무순환성은 모든 노동태도에서 유의미한 효과를 가지는 변수였다. 노동시장에서 여성들의 업무가 차별적으로 할당된다고 할 때 이러한 효과는 중요한 의미를 가진다. 여성들이 높은 수준의 몰입을 보이지 않는 것이 그들에게 주어진 업무의 성격에서 기인한다면 차별적으로 할당된 업무가 바로 여성들이 낮은 몰입을 형성하는 원인이 된다. 다시 말하면 여성들이 보이는 낮은 몰입은 성향적인 문제가 아니라 구조적인 문제일 가능성이 큰 것이다. 사적인 차원에서 여성들의 노동태도를 문제시하고 낮은 평가를 부여하는 사회적 인식에 주의를 환기하는 결과라 하겠다. 남성들과 마찬가지로 여성들에게도 그들이 처한 노동 상황이 중요한 효과를 가진다는 어쩌면 당연한 상황을 강조해야하는 이유도 여성들에 대한 다른 평가를 염두에 두기 때문이다.

노동태도에 관한 이 연구는 노동 상황 특성들뿐만 아니라 가정 상황 특성들을 고려함으로써 노동태도에 대한 기존의 단편적 이해에서 벗어나서 개개인들에 대해 작용하는 구조적 맥락의 효과를 이해하고자 하는 시도이다. 분석결과 얻어진 소중한 소득은 여성과 남성이 노동 현장과 가정생활에 어떻게 다르게 연루되어 있는지를 밝힌 것이다. 가정 상황 요인들이 특히 여성노동자들의 주관적 태도 형성과 관련하여 중요한 의미를 가지고 있다는 사실은 가정과 직장에서 여성들의 다른 위치와 그에 따른 다른 적응양식을 드러내는 결과이다. 개인들의 노동태도들은 결코 사회적 상황과 독립된 심리적 성향이 아니며 상황과 상호작용하며 사회적으로 구성되는 것이다.

<표 37> 조직몰입에 대한 남녀별 회귀분석

변　수	모델 1		모델 2		모델 3		모델 4	
	남성	여성	남　성	여　성	남　성	여　성	남　성	여　성
인구학적 특성들								
연　령	-.004	.013	-.005	-.002	-.004	-.004	-.002	-.015
교육 수준 (기준: 중졸 이하)								
고　졸	.058	.473*	-.088	.183	-.193	-.085	-.155	-.046
대　졸	.338*	.301	.029	-.238	-.085	-.495	-.07	-.370
노동 상황특성들								
근속기간			.005	.020	.006	.026*	.002	.052**
임　금			9.71E-05	2.68E-04*	5.04E-05	2.15E-04	4.06E-05	1.78E-04
승진가능성			.044	.148	.014	.056	-.006	.086
대기업 (500인 이상)			.2468	-.054	.255**	.009	.266**	-.038
고용안정성			.121	.150	.117	-3.58E-04	.128	.144
부가급부			.034	-.019	.033	.007	.042*	-.002
업무순환성					.261**	.514**	.294**	.474**
방식자율성					-.023	.133	-.018	.263*
시간유동성					-.005	-.010	-.008	-.027
업무몰입도					.226**	-.010	.253**	.162
가정상황 특성들								
결혼만족도							-.304**	-.247**
배우자임금							1.56E-05	-1.27E-04
부부싸움정도							-.023	.026
가사분배의식 (성가치관 1)							.075	-.365**
성공가치관 (성가치관 2)							.001	-.118
상수항	.091	-1.013	-.261	-.852	-1.315**	-2.034**	-.509	-.149
R^2	.028	.028	.072	.094	.130	.196	.166	.335

* p<.05 ** p<.01

4. 요 약

　노동태도는 노동자들의 주관적인 경험이지만 조직의 통제문제와 관련하여 중요한 의미를 가지는 영역이다. 감독에 의한 개별적인 지배, 과학적 경영, 그리고 기계속도에 맞추기 등 과거의 통제방식은 노동자들의 저항을 불러일으킬 뿐만 아니라 기업규모, 생산기술, 시장의 성격변화로 인해 비효율적인 것이 되었다. 새로운 통제방식으로서 헤게모니적 통제(Burawoy 1983)나 관료적 통제(Edwards 1979)는 노동자들의 몰입과 기업에의 의존을 최대화하고 노동자계급의 결속력을 해체하는 이중적 의미를 지니고 있다. 다양한 이론적 배경에도 불구하고 새로운 통제방식에 대한 논의에서 강조되고 있는 것은 노동자들의 자발적 참여이다.

　노동자들이 작업장에서 가지는 주관적 태도는 직업만족, 노동몰입, 그리고 조직몰입의 세 차원으로 개념화할 수 있다. 직업만족은 현재의 노동에 대한 긍정적인 태도이지만 반드시 노동몰입이나 조직몰입을 유발하는 것은 아니다. 각 주관적 태도들은 때로 중첩하지만 때로 일치하지 않는 독립된 차원이다.

　일반적으로 여성들은 남성들에 비해 직업만족도는 높으나 노동몰입이나 조직몰입은 낮은 것으로 나타난다. 여성들의 낮은 몰입은 직업훈련에 대한 계획과 관련하여 부정적인 효과를 나타내고 노동생산성을 저하하여 여성노동의 질을 떨어뜨리는 요인이 된다. 고용주들이 여성노동을 기피하는 원인으로 자주 열거하는 요인 중 하나가 여성들의 낮은 몰입인 것도 이러한 이유에서이다. 그렇다면 드는 의문은 현재 남성들과 동일하게 경제활동에 참가하는 여성들조차 노동태도에 있어서 성별 차이가 왜 나타나는가 하는 것이다.

　노동태도에서 나타나는 성별 차이를 이해하기 위해서 직업만족,

노동몰입, 그리고 조직몰입에 대하여 인구학적 특성, 노동조건, 업무특성, 가정 상황을 고려하여 다변량 분석 하였다. 분석결과 전반적으로 나타나는 특징은 첫째, 남녀 모두 노동 상황의 구체적인 특징이 노동태도를 구성하는데 효과를 나타내고 있었다. 이러한 결과는 성별로 다르게 주어지는 업무, 노동에 대한 다른 보상체계가 여성들의 노동태도형성을 체계적으로 다르게 하는 원인이 될 수 있는 가능성을 보이는 것이다. 한편 시간자율성이라든지 업무순환성과 같이 남성들과 다르게 효과를 가지는 노동 상황변인들은 가정과 노동시장에서 다른 위치가 여성들의 노동경험에 복합적으로 작용하는 것으로 해석할 수 있다. 둘째, 가정 상황요인들은 남녀별로 다르게 영향을 보이고 있어 사회적으로 다르게 전형된 남성과 여성의 행위방식의 차이를 보여주고 있다. 일예로 직업만족도에 대한 설명에서 남성들의 경우는 결혼만족도가 긍정적인 효과를, 배우자의 임금이 부정적인 효과를 보이고 있다. 이러한 결과는 추상적인 수준에서 정서적 만족이나 사회적으로 부여된 생계부양자로서의 남성관과 관련된 효과로 해석할 수 있다. 반면에 여성들은 부부싸움정도나 가사분배의식과 같은 좀 더 구체적인 상황이 노동태도형성에 효과를 보이고 있다. 또 이들 요인들은 성공가치관과 함께 노동몰입, 조직몰입에 있어서 남성들과 다르게 여성들에게 유의미한 효과를 보이는 변수들이다. 따라서 사회적으로 전형된 여성과 남성관은 여성들의 노동경험에 있어서 가사와 노동이라는 '이중부담'으로 구체적으로 작용하고 있으며 성별로 다른 노동태도를 형성하는 요인이 된다는 사실을 알 수 있다.

제8장 결 론

1. 연구결과의 정리

여성들이 경험하는 경제활동의 특색을 이해하려면 남성들과는 다르게 작용하는 구조적 맥락에 대해서 이해해야 한다. 여성들이 노동시장에서 취하는 선택들은 경제적 논리에 의해서만 단순히 설명될 수 없다. 그것은 여성들이 노동시장구조나 가족구조 내에서 자리하는 위치가 다른 까닭이다. 배후에서 작동하는 복합적인 구조의 효과와 그에 대한 적응양식의 특징을 알아보기 위해 본 연구에서는 다양한 각도에서 여성노동의 현장을 조명하였다.

먼저 여성들이 현재 노동시장에서 자리하는 위치는 그들이 가지고 있는 직업에 의해 많은 부분 결정된다. 이론가들이 성별 직업분리(job segregation)에 관심을 보이는 이유도 바로 이 영역이 여성들에 대한 차별이 복합적으로 드러나는 영역이기 때문이다. 노동시장에서 여성들은 남성들보다 열악한 조건에서 노동을 한다. 그러한 차이는 때로는 그들이 가지고 있는 인적 자본의 특성과 같은 개인적인 요소에 기인하기도 하고 다른 한편으로는 그들이 가지고 있는 직업 자체가 다르다고 하는 구조적 이유에서 기인하기도 한다. 같은 직업을 가지고 있더라도 여성들이 하는 업무는 남성들과 다르다(Bielby & Baron 1986)고 할 때 구조의 문제는 보다 미묘하게 여성들의 경험을 다르게 구성하는 요인이다.

4장에서는 여성들의 노동시장 참여의 구조적 조건으로서 성별직업분리라는 구조적 특성들에 대하여 분석한다. 구조적 분리는 할당

192

적 차별과 가치적 차별의 형태를 띤다. 직업이라는 구조적 위치에 성에 따라 다르게 할당되는 차별현상이 존재한다. 직업의 세분류를 기준으로 계산한 성별 분리지수에 따르면 97년 현재 성별 분리지수는 54.3%로 남녀가 동일한 직업범주에 고르게 분포되기 위해서는 약 54%의 남성 혹은 여성이 직업을 이동해야 한다. 노동시장에서 직업이 성에 따라 얼마나 편중되어 있는지를 경험적으로 입증해주는 결과이다. 구조적 위치에 따라 부여되는 다른 평가는 성차별적 효과를 심화한다. 대표적인 가치차별체계인 임금을 중심으로 개인적 특성들과 구조적 특성들이 어떠한 체계적인 차별효과를 나타내는지를 살펴보았다. 위계선형분석은 '직업 내 차이들'과 '직업 간 차이들'을 구분함으로써 개인과 구조를 동시에 다룰 수 있는 방법이다. 본 장에서는 세 가지 모델로 위계선형분석이 실시되었다. 먼저 무작위 효과 아노바 모형(Random-Effects ANOVA Model)에 의한 분석결과로 임금수준에서 나타나는 차이의 절반 정도가 직업들 간에 나타나는 구조적 효과라는 점을 확인할 수 있었다. 개인특성들의 변화에만 주목한 기존의 연구들에 상당한 한계점이 있음을 입증해주는 결과이다. 무작위 회귀계수모형(random coefficient regression model)은 그 두 번째 모델로 개인적 속성에 따른 기울기의 차이로 직업들 간에 존재하는 차이 효과를 간접적으로 알아본 모델이다. 개인수준의 변수들을 고려함으로써 모델의 설명력은 37.67% 증가하였다. 절편-기울기 모형(intercept and slopes as outcome model)은 이 단계에서 하나 더 나아가서 직업들 간의 상이한 특성들을 구체적으로 고려하여 각 직업 간 특성들과 직업 내 특성들이 어떻게 연관되어 임금결정에 영향을 미치는가를 보여준다. 직업특성들로는 업무기술, 업무순환성, 시간유동성, 작업유해성, 여성의 비율이 고려되었다. 분석결과 확인된 사실은 첫째, 직업의 여성비율이 지속적으로 유의미한 효과를 가지고 있었다. 여성비율은 성에 따라 다르게 주어지는 업무 특성을 간접적으로 재는 변수이다. 여성들이 많이 몰려있는 직업은 여성직에 해당하는 업무, 다시 말하면 남성직과는 다른 업무를 맡고 있다(Baron & Bielby 1984; Rosenfeld & Spenner 1992). 성비율이 직업들 간에 다른 효과를 나타내고 있다는 사실은 성의 분포에 따른 직업구분이 노동시장에서 나타나는 직업들 간 차이를 설명하는 데에 주요한 효과를 가지고 있다는 사실을 시사해주고 있다. 여성비율이 높은 직업일수록 평균임금수준은 낮아진다. 학력별 차이는 성별 분포로 인한 구조적 차이를 부분적으로 줄일 수 있다. 둘째, 기술수준이나 업무순환도가 높은 직업은 평균임금수준이 높다. 성별 분포로 포착되지 않은 직업특성들은 대체로 평균적인 수준에서 직업 간에 임금차이를 설명하는 요인들이다. 셋째, 조직과 관련된 변수들은 직업특성들을 고려함으로써 그 효과가 줄어들었다. 직업에 따라 조직의 규모나 위계구조가 다른 양상을 반영하는 현상으로 해석할 수 있다. 그러나 그 차이는 미약하다. 무작위 회귀계수 모델과 비교하여보면 직업절편에서 43.4%, 중졸집단을 기준으로 하였을 때 고졸집단 차이의 45.5%, 대졸집단 차이의 26.3%가 직업특성들을 고려함으로써 추가로 설명되었다. 이러한 결과를 통해 직업의 체계적인 차이를 고려한 모델을 통하여 개인의 임금변화를 보다 효과적으로 설명할 수 있다는 사실을 확인할 수 있었다.

5장에서는 구조적 할당의 문제가 시간의 축에 따라 어떻게 변화하는지를 경력이동유형과 취업주기의 동태적 변화를 통해 보여준다. 먼저 경력이동의 유형은 노동시장에 처음 진입한 시점을 기준으로 나눈 3개의 직업 코호트에 대하여 성별 직업, 규모, 직급, 그리고 고용 지위에서의 이동을 살펴보았다. 노동시장에서 나타나는 많은 변화들은 개인 특성들의 차이와 경제구조변화를 반영하는 복합적인 것이다. 따라서 다양한 요소들에 의해 나타나는 전체적인 차이들을 성차이라고 단정 짓기보다는 직업코호트를 나눔으로써 개인들이 노동경력을 시작한 역사적 맥락을 고려하고 연령, 교육수준, 근속기간 등의 주요한 노동특성들에 있어서 유사한 집단들 간에 비교를 가능하도록 하였다.

경력이동유형에 관한 분석결과를 살펴보면 첫째, 성별로 나눠진 직업범주 간의 이동을 살펴볼 때 여성직, 혼성직, 남성직 간의 이동에서 성별로 다른 이동 경향을 보이고 있다. 범주 간에 이동 현상은 관찰되고 있으나 나이가 많은 코호트일수록 자신의 성이 주된 층을 이루는 직업을 유지하는 경향이 높게 나타나고 있다. 이러한 회귀 경향은 '회전문현상(Jacobs 1989)'이라는 직업 이동의 특색이 나타나고 있는 것으로 해석될 수 있다. 성에 따른 직업범주라는 구조적 특성은 남성들보다 여성들에게 더 중요한 의미를 가지고 있다. 남성들은 어떤 범주에 있든 그들의 근속기간이 길수록 높은 수익을 올리고 있지만 여성들은 자신이 속한 범주에 따라 다른 수익을 올리고 있다. 이러한 상황에서 여성들의 여성직의 유지비율이 고연령층으로 갈수록 높게 유지되고 있는 경향은 그들의 상황을 더욱 악화시킬 소지가 있다. 특히 자영업을 하는 여성들의 경우 남성직으로 이동하는 경향은 매우 드물게 나타나고 있어 상대적으로 여성들이 선택하는 직업의 범주가 한정적인 것을 알 수 있다.

둘째, 규모의 분포와 규모 간 이동에서 성별 차이를 확인할 수 있다. 전반적인 규모유지율은 남녀 간에 비슷하게 나타나지만 세부적인 내용에 있어서 차이를 보이고 있다. 여성들은 9인 이하의 영세기업에 높은 비율로 분포되어 있고 경력이동 후에도 이러한 비율은 강하게 유지되고 있다. 반면에 남성들의 경우는 소규모보다는 대규모에서 규모 유지율이 상대적으로 높게 나타난다. 또한 규모를 이동하는 경우에도 여성들은 보다 규모가 큰 기업으로 이동하는 비율이 남성들에 비해서 적다. 남녀 모두에게 있어서 영세기업은 노동조건이 열악하고 수익성이 낮다. 또 내부노동시장은 대규모기업들을 중심으로 발달하여서 영세기업에서는 부가급부(fringe benefit)를 기대하기 어렵다. 규모이동에서 보이는 성별 차이는 규모로 인한 구조적 조건이 성별로 다르고 이러한 차이들이 이동과정에서 변화되기가 어렵다는 사실을 보여주고 있다.

셋째, 고용 지위는 성별로 가장 차이가 나는 부분이었다. 여성들은 남성들에 비해서 고용 지위를 그대로 유지하는 비율이 매우 낮다. 이러한 특징은 여성들의 경제활동을 이해하는데 있어서 고용 지위가 보다 중요한 의미를 지닌다는 점을 시사한다. 여성들은 가족종사자로 가장 많이 이동하고 있는 반면에 남성들이 가족종사자가 되는 경우는 매우 드물다. 여성들의 경우 가족종사자는 노동경력이나 근속기간이 가장 긴 범주인데 장시간의 노동을 함에도 불구하고 가장 낮은 수익을 올리고 있음으로 인해 여성노동자들의 열악한 노동조건의 대표적인 예이다. 또한 피고용자들 내에서의 이동에서도 남녀 간 이동양상에 있어서 차이가 존재한다. 특히 고연령층이 속하는 제1코호트 여성 노동자들의 경우 타 고용 지위로부터 사기업에 피고용 되는 위치로 유출되는 비율이 현저하게 낮다. 또 이 시기에 공기업에서 사기업으로 이동한 예는 없다. 남성들의 경우는 고연령층에서도 상대적으로 활발한 이동이 관찰되는 점과 대조적이다. 고연령층 여성들에 대해 피고용 부문에서 제공되는 구조적 이동의 기회가 달라서 나타나는 결과일 가능성이 크다.

2절에서는 취업주기의 지속기간에 대한 분석을 통해 경력이동유형에서 다뤄지지 않은 시간적 지속의 문제와 동태적 변화의 궤적을 추적하였다. 노동시장에서 직업의 지속기간은 직업에 필요한 기술을 습득하는 기간으로서 중요한 인적 자본이 된다(Becker 1974; Althauser 1989). 근속기간에서 성별차이는 자주 보고 되고 있는 특징이지만 어떠한 요인들이 그러한 차이를 구성하는지에 대한 설명은 없다. 연속적인 노동경험을 가지고 있는 남성들과 달리 단기적이고 간헐적인 여성노동의 복잡한 변화를 추적하는 것은 지속기간과 동태적 변화를 고려할 수 있는 적절한 방법이 필요한 연구문제이다. 본 연구에서는 사건사 방법을 이용하여 방법론적 문제를 해결하고 직업의 지속기간을 설명하는 메커니즘에서 나타나는 성별차이를 분석하였다. 결혼이라는 생애사건으로 인한 취업중단은 여성들의 직업지속기간을 다르게 하는 변인으로서 큰 효과를 가지고 있었다. 노동지향성이 높은 여성들은 직업을 오래 계속하는 것으로 나타나 선호라는 요소가 여성들의 경험을 다르게 할 가능성을 보여주었다. 2차 노동시장에 존재한다고 여겨지는 직업 이동성이 높은 사람들에게 있어서 직업의 지속기간은 짧게 나타났고 이러한 효과는 남성보다 여성에게 크게 나타났다. 어떠한 직업을 가졌는가에 따라서도 지속기간에 있어서 유의미한 차이가 나타났다. 분석결과로 볼 때 여성의 선호나 인적자본이라는 개인적 특성 외에 가족상황과 노동 상황이라는 구조적 특성이 여성들의 취업경험을 다르게 구성한다는 사실을 확인할 수 있었다.

6장에서는 노동시장의 구조적 불평등 조건을 전제로 할 때 가족구조가 미치는 효과를 고려하기 위하여 기혼여성들을 중심으로 경제활동참여여부와 참여형태에 대한 분석을 하였다. 노동 상황과 가족상황에 따라 여성들은 경제활동참여에 있어서 다른 선택을 하게 된다. 여성들에 대한 차별 구조가 존재한다고 할 때 제도적 맥락은 노동 상황을 다르게 하는 중요한 요인이 된다. 이러한 점에서 고용지위를 고려하는 것이 특별한 의미가 있다. 피고용 부문 내에서도 공기업과 사기업은 제도적 조건이 다르다. 또 자영38)이나 가족종사는 피고용과 노동조건이 매우 다르다. 본 분석에서는 다항 로짓 분석(multi-nominal analysis)방법을 사용하여, 준거집단인 비경제활동자와 비교해 볼 때 공기업, 사기업, 자영, 가족종사라는 네 가지 고

---

38) 고용주와 자영업자를 포함한 범주이다.

용 지위에 대한 선택을 다양한 요인들로 설명하고 그 효과를 밝히
고자 하였다.

분석 결과 기혼 여성들의 노동시장 참여 형태를 결정짓는 데에는
어린 자녀의 수, 조력자의 존재, 남편의 고용 지위나 경제적 수입
등 가족과 관련된 변수가 중요한 영향을 미치고 있다는 점을 알 수
있다. 피고용 부문에 고용되기 위해서는 다른 부문과 많은 부정적
효과를 공유하는 것 이외에 조력자의 존재여부가 참여결정에 효과
를 가지는 것으로 나타나 가족과 노동을 병행하는데 피고용 부문에
종사하는 여성들이 겪는 어려움을 알 수 있다. 그리고 남편의 고용
지위가 자영일 경우 여성들은 가족단위의 노동전략으로 가족종사를
선택할 확률이 높은 것으로 나타났다.

여성들의 경제활동참여를 결정짓는데 개인들의 인적 자본은 통계
적으로 유의미한 효과를 가지지 않거나 오히려 부정적인 영향을 미
치는 요인이었다는 점은 주목할만한 현상이다. 여성들의 인적 자본
이 제대로 반영되지 않는 노동현실을 단적으로 드러내 주는 결과라
고 할 수 있겠다. 예외적으로 공기업에 피고용 된 여성들의 경우에
는 인적 자본의 효과가 유의미하고 긍정적이었다. 가족 변인 중에
서도 여성들의 경제활동참여에 지속적으로 부정적인 효과를 가지는
어린 자녀의 수가 공기업에 피고용 되는 선택에는 유의미한 효과를
보이지 않는 것으로 나타났다.

그렇다면 공기업에 피고용 된 노동자들은 실제로 사기업에 근무
하는 노동자들과 다른 노동조건을 가지고 있는가. 이러한 차이를
확인하기 위하여 노동조건이나 업무특성들을 살펴보다. 이 결과에
따르면 공기업은 남녀 공통적으로 노동시간이 짧고 부가급부나 안
정성 등 제도적 노동조건에서 차이를 보이고 있었고 여성들의 경우
그 차이의 정도가 보다 강하게 나타나고 있었다. 여성들이 하는 업
무의 특성도 사기업과 다른 특성을 보였는데 유의미한 효과를 가지

는 변수들의 효과를 검토해볼 때 공기업에 근무하는 여성들이 보다 전문적이고 가치가 높은 일을 하고 있다고 보기는 어렵다. 따라서 업무특성들보다는 공기업에서 행해지는 많은 제도적 보호조치가 고학력 여성들을 유인하는 효과를 가지고 있다고 볼 수 있다. 공기업에 고용된 노동자들에게 나타난 고용 지위선택에 대한 다른 설명 메커니즘은 공식노동시장에서 좋은 노동조건이 마련된다면 여성들의 참여형태가 달라질 가능성을 시사한다.

우리나라의 경우 높은 교육열로 인해 여성도 교육 수준이 높은 편이다[39]. 그러나 고학력 여성들의 인적 자본은 노동 시장에서 가치를 발휘하지 못하는 특이한 구조를 가지고 있다. 이에 대한 가능한 설명 중의 하나는 한국에서 여성들의 교육 수준은 노동 시장이 아니라 결혼 시장에서의 자격증(credit)으로 기능하고 있다는 해석이다 (김용학 1990; Brinton 1995). 공식노동시장에서 여성에 대한 체계적인 차별관행은 여성들의 학력효과가 굴절되는데 보다 근본적인 원인이 되고 있다. 제도적 보호 조치가 취해지고 여성들의 능력이 제대로 발휘될 수 있도록 노동 조건이 달라진다면 상황은 변화할 것이다. 5장에서 분석한 바에 따르면 공기업에서 여성들의 비중은 낮고 경력이동의 과정에서 여성들이 공기업으로 이동하는 예는 극히 드물다. 구조적 기회가 제공되지 않은 상태에서 공기업에서 여성 인적 자본의 활용은 현재까지는 작은 가능성 중 하나일 뿐이다.

7장에서는 노동시장에 참여하는 여성들이 가족과 가지는 독특한 관련성을 드러내기 위해 기혼노동자들의 노동태도 분석을 했다. 가족과 노동 시장에서의 이중 제약에 직면한 여성노동자들이 남성들과 비교할 때 어떻게 다르게 노동태도를 형성하는지에 대하여 비교 연구하였다. 노동태도로는 요인분석(factor analysis)을 하여 추출한 직업만족도, 노동몰입, 조직몰입이라는 세 가지 요인들을 고려하였

---

39) 여: 고졸: 34.1 대졸 이상: 12.8
   남: 고졸: 41.2 대졸 이상: 25.7(1995. 통계청).

고 이에 대하여 개인특성, 노동 상황, 가족상황이 미치는 영향을 성
별로 다변량 분석을 하였다. 노동 상황과 가족상황을 고려한 모델
에서 노동태도를 설명하는 기제들은 성별에 따라 지속적으로 다르
게 나타났다. 먼저 분석에 포함된 모든 직업 태도에서 가정 상황에
관련된 변인들은 여성에게만 유의미한 영향을 끼치고 있었으며 여
성들의 경우 가정 상황요인들을 고려한 모델에서 설명된 종속 변수
의 변량이 크게 증가하였다. 여성과 남성의 다른 역할지향이 각 성
에 따라 어떻게 다르게 영향을 끼치는가를 보여주고 있는 결과이
다. 둘째, 노동몰입과 조직몰입을 설명하는 노동 상황 변인들 중 유
의미한 효과를 가지는 변수들이 성에 따라 다르게 나타난다. 종속
변수가 무엇인가에 따라 차이가 있기는 하지만 남성들의 경우는 인
적자본, 노동조건, 조직특성들이 유의미한 효과를 가지는데 반해서
업무순환성, 방식자율성, 시간유동성, 업무집중도와 같은 업무특성
요인들이 여성들이 일 혹은 조직에 대해 가지는 몰입에 유의미하게
영향을 끼치고 있다. 이와 같이 성에 따라 다른 요인들이 영향력을
끼치고 있는 현상은 몰입을 형성하는데 성에 따라 다른 조건들이
작용하는 것으로 해석할 수 있다. 일반적으로 여성들은 일이나 조
직에 상대적으로 낮은 몰입을 보이고 있는 것으로 인식되고 있다.
몰입에 대한 다변량 분석결과로 유추하여 볼 때 이러한 차이는 노
동 상황과 가족상황이라는 두 가지 상황적 요인에 의한 복합적 결
과일 것이다. 가정 상황 요인들뿐만 아니라 노동 상황 요인들이 노
동태도의 형성에 성에 따라 다르게 영향을 미친다는 사실은 여성들
의 다른 위치를 이해하기 위해서는 작동하는 두 가지 구조를 함께
고려해야 한다는 중요한 함의를 가지고 있다. 지속적으로 확인되는
업무특성의 효과는 여성들에게 주어지는 일의 성격이 달라진다면
여성들의 노동태도들이 달라질 가능성을 시사한다.

2. 연구의 의미

본 연구는 인적자본 중심의 경제학적 설명에 반론하고 남성중심의 노동시장이론에서 보지 못한 여성들의 독특한 노동경험과 그들에게 작동되는 다양한 구조적 맥락을 설명함으로써 여성노동의 문제를 이해하는데 고려되어야할 요인들을 다각도로 조명했다는 점에서 의의가 있다. 기존의 노동시장이론에서 활발하게 논의되는 인적자본론에 입각한 분석시각으로는 이미 구조적으로 불평등한 위치에서 경제활동에 참여하는 여성들의 독특한 노동경험을 설명할 수 없다. 그들의 경험을 특징적으로 드러내기 위해서는 여성들이 처한 구체적인 상황에 주목하는 것이 필요하다. 업무특성, 시공간적 제약, 가족단위의 전략, 노동의 지속기간에서 나타나는 특징은 여성의 다른 경험들이 노동공간에서 복합적으로 드러나는 영역이다.

2.1 업무분리

노동시장에서 성에 따라 받는 차별현상은 인적자본과 같은 개인적 특성만으로는 합리적으로 설명될 수 없는 구조적인 불평등이다. 경력, 학력, 기술수준 등 개별적 특성과 임금, 고용안정성, 조직특성과 같은 외면적 노동조건의 차이를 강조하는 경제학적 시각에서 여성들의 다른 경험은 올바르게 포착되지 못한다. 성별 직업분리의 구조는 할당적 차별과 가치적 차별이 병행되는 과정으로서 여성들을 다르게 위치시킨다. 구조적 불평등은 개인수준에서 극복할 수 없는 차별현상을 설명한다. 직업이라는 범주는 여성들의 다른 위치를 나타내기에 역부족이다. 구조적 차별은 같은 직업 내에서도 여성들에게 다른 업무를 부여하는 보다 교묘한 형태로 행해지기 때문이다. 여성노동에 작용하는 독특한 구조적 현상을 드러내기 위해서는 남성들에게 적용되었던 것과 다른 접근방법이 필요하다. 직업을 성 분포로 나눈 여성직, 혼합직, 남성직은 개별적 차이가 아닌 성분포라는 구조적 현상으로 업무의 성격을 대변한다는 점에서 여성노동의 독특한 경험을 드러내주고 있다. 또한 업무순환성, 방식자율성, 시간유동성, 업무몰입과 같은 업무의 구체적인 내용을 다루는 것은 노동에 대한 평가나 환경이 아니라 노동의 내용이 노동경험을 다르게 할 가능성을 고려함으로써 여성들이 처한 노동 상황을 구체적으로 이해하려는 시도이다.

직업에 대한 가치차별을 분석한 연구(4장)에서 직업의 성비율과 업무특성은 평균적인 차이를 유발하고 인적자본의 효과를 다르게 하는 구조적 효과를 가지고 있다는 사실이 확인되었다. 여성들의 경력이동에서도 성에 따라 직업구조를 나눠볼 때 이동유형에서 남녀별 차이를 발견할 수 있었다. 직업의 지속기간을 설명하는 데에 직업에 따른 차이가 존재하는 것으로 보아 직업 이동의 궤적을 구성하는 데에도 직업특성이 유의미한 효과를 가진다는 점을 알 수 있다(4장). 또한 직업만족도, 노동몰입, 조직몰입으로 살펴본 노동태도의 형성에 있어서 업무특성은 유의미한 효과를 가지고 있었다(7장). 특히 업무순환성은 모든 분석에서 유의미한 효과를 가지고 있어 노동경험을 다르게 하는데 중요한 효과를 가지는 요인으로서 나타났다. 성별 직업분리라는 구조적 불평등조건이 여성들에게 제한된 노동기회를 제공하고 평가차이만을 유발하는 것이 아니라 업무내용을 다르게 부여함으로써 노동경험을 다르게 구성하는 효과를 가지고 있다는 점은 주목할만한 점이다. 이렇게 볼 때 여성들에게 적용되는 근속기간이 짧다든가 노동태도가 다르다든가 하는 일반화된 논리는 차별의 이유를 여성 개인의 사적인 문제로 치부하고 노동시장의 불평등구조의 효과를 가리는 이데올로기적 성격을 가질 가능성이 있다. 여성들에게 다르게 주어진 업무분리는 여성들의 노동경험을 다르게 만드는 근본요인일 수 있다.

여성들에게 주어지는 업무가 단순 보조적인 성격을 유지하는 차별적 상황에서 여성에 대한 제도적 보호조치는 일시적으로 적용되는 시혜적인 성격을 가질 수밖에 없다. 업무특성이 여성들의 노동경험을 다르게 한다고 할 때 개인들의 인적자본이 발휘될 수 있는 노동기회의 제공이 진정으로 여성노동문제를 해결할 수 있는 대안이 될 수 있다.

2.2 시공간적 제약

우리나라는 교육 수준이 높은 여성들이 많다. 그러나 여성들의 인적 자원은 아직도 낮은 수준에서 활용되고 있다. 이러한 상황에서 공기업의 경우 교육수준이 높은 여성들이 경제활동에 참여하는 비율이 높다는 사실은 미래의 변화를 간접적으로 시사하는 바가 크다(6장). 사기업에 피고용 되어 장시간의 노동을 감당해야하는 상황에서는 가족과 관련된 여성들의 시−공간적 문제가 해결되기 어렵다. 남성중심의 회사문화는 장시간의 노동을 과시하며(정영애 1997) 특히 밤 시간을 이용하여 중요한 관계망을 맺는 행태로 여성들을 체계적으로 배제한다. 가정과 직장의 이중부담의 문제를 해결하기 위해서 시간적 경영문제가 중요한 여성들에게 노동시간, 부가급부 등의 근무조건들은 경제적 조건에 상응하는 의미를 가지고 있다. 공기업 근로자 중 대졸 학력의 여성의 비중이 높고 30세 이상의 기혼여성들이 빠르게 증가하며 장기근속의 경향이 강한 것은 사기업에서의 강한 결혼장애(marriage bar)효과를 피한 대안적인 선택을 보여주는 것이다. 좋은 노동조건이 구비된다면 여성들의 참여양식은 남성들과 같은 논리에 의해서 설명될 수 있고 여성들의 인적 자본은 충분히 활용될 수 있다.

피고용 부문에서 근무하는 노동자들의 노동태도를 구성하는데 시간적 문제를 다루는 요인들이 주요한 효과를 가지는 것도 사회적 성별분업 내에서 여성들이 가지는 부담을 나타내는 하나의 지표로서 이해할 수 있다. 시간적 유동성이 높을수록 노동몰입이 높은 것으로 나타났으며 가정 내에서 시간과 업무분담을 통제하는데 관련된 가치관인 가사분배의식이 직업만족, 노동몰입, 조직몰입이라는 모든 유형의 노동태도에 긍정적인 효과를 보이고 있는 것으로 나타났다.

여성들에게 필요한 것은 남성들과 동등해지기 위해서 여러 가지 조건을 극복해야하는 여성들의 독특한 상황을 고려한 대안이다. 여성들에게 가정에 대한 우선적인 책임을 지우는 사회적 성별분업이 유지되는 한 시간적 경영의 문제는 여성들의 노동참여를 제약하는 중요한 조건이 된다. 단순히 남성들과 동등한 처우를 요구하는 것은 여성들이 처한 조건의 불평등을 사적인 영역에서 극복해야할 문제로서 치부하는 결과를 가져올 뿐이다. 시간적 문제의 원인이 사회적인 것에서 온 것이라면 사회적인 수준에서 이를 해결할 대안이 필요하다.

2.3 가족단위의 전략

여성들의 경제활동참여에 관련된 선택은 경제학에서 말하는 선호(prefereces)에 의한 자유로운 선택과는 거리가 있다. 노동시장구조와 가족구조로 인해 한정된 대안을 가지고 선택을 할 수밖에 없기 때문이다. 남편의 수입이 높은 여성들이 경제활동에 참여하지 않기로 선택하는 것은 구조적인 제약에 부정적으로 대응하는 전략이다. 또한 자영업을 하는 남편의 일을 도와 가족종사를 하는 것은 공식노동시장에서 보다 나은 대안을 가지고 있지 않은 여성들에게 경제활동참여를 가능하게 하는 하나의 대안이 되며 경제적으로 종속적인 위치에 있는 아내의 입장에서 구조적으로 주어진 대안이다. 여성들은 자신의 개별적 특성에 따라 노동시장에 참여를 결정하지 않고 있으며 남편의 경제적 위치에 따라 다른 선택을 하고 있다. 이때 경제적 결정의 주체는 원자화된 개인이 아니라 가족이라는 맥락에 위치한 개인이다.

이미 노동시장에 참여한 여성들에게도 가족상황은 중요한 의미를 가진다. 생애단계에 따라 취업을 중단하는 효과가 직업의 지속기간에 대한 동태적 분석에서 확인되었다(4장). 생애단계로 인한 제약은 모든 형태의 경제활동참여에 있어서 부정적인 효과를 가지고 있다. 가족과 관련된 가치관은 경제활동참여에는 유의한 효과를 나타내고 있지 않았다(6장). 취업결정에는 가치관이라는 주관적 요소보다는 가족구조로 인한 제약이 크게 작용한다는 사실을 알 수 있다. 그러나 노동태도를 형성하는데 있어서 결혼만족도, 부부싸움정도, 가사분배의식, 성공가치관 등 가족상황과 관련된 요인들이 효과를 가지는 것으로 나타났다(7장). 노동 상황과 함께 가족상황은 여성들의 노동태도를 다르게 설명하는 의미 있는 요인이었다.

생애단계로 인한 가족구조의 제약, 부부단위의 경제전략, 가족상황과 관련된 가치관은 여성들의 노동경험이 남성들과 다르게 제약받고 해석되는 과정을 설명하려는 시도이다. 사회적으로 구성된 성역할 전형으로 인해 여성들은 남성들과 다른 조건을 가지고 노동시장에 참여한다. 따라서 가족과 관련된 여성들의 위치는 여성노동을 이해하는데 중요하게 고려되어야 할 사항이다. 다만 여성들에게 작

용하는 조건적 불평등구조와 효과가 일반적인 수준에서 규정적으로
적용되기보다는 개개인의 경험을 반영하는 구체화된 논의로 발전될
필요가 있다.

2.4 단기적, 간헐적 노동경험

여성들의 취업경험은 남성들과 달리 불연속적이고 복잡하다. 여
성들의 경제활동참가는 생애단계에 따른 가족구조조건에 의해 크게
영향을 받기 때문에 시점에 따라 민감하게 변화한다. 연속적인 노
동경험을 상정하는 남성들에게 적용되는 기술의 축적, 연공서열, 내
부노동시장으로 인한 직업의 안정화가 여성들에게도 동일하게 적용
되기는 힘들다. 여성 개인들의 인적자본이 노동시장에서의 보상으
로 잘 반영되지 않는 것 역시 일정정도 여성들의 노동력(career
history)의 특성에서 기인한다. 여성들의 노동력은 대체로 단기적이
고 간헐적이기 때문에 어느 한 시점의 상태에서 전반적인 특징을
잡아내기 어렵다. 따라서 여성들의 노동력에 대한 연구에서는 다양
한 시점에서 노동력의 상태를 고려하는 것이 보다 요구되고 시간적
으로 변화하는 상황요인들을 고려하는 것이 필요하다. 사건사 분석
을 활용하여 동태적 경력변화를 추적한 분석결과(4장)는 여성들의
독특한 경험을 시간적 지속과 변화과정을 통해 제시하였다는데 의
미가 있다.

참고문헌

국문 문헌

고정자, 김갑숙. 1997. "취업주부와 비취업 주부의 삶의 질에 대한 인과모형 분석."『대한가정학회지』35-1: 429-441.

김병성 외. 1981.『교육격차관련요인』한국교육개발원.

김부태. 1995.『한국학력사회론』. 내일을 여는 책.

김영옥. 1997.『공기업 여성 고용구조와 인력관리의 현황 및 과제』. 한국여성개발원.

김영화. 1990. "한국 노동시장의 분절과 남녀 임금 불평등." 송호근 편.『노동과 불평등』. 나남. pp.275-324.

김용학, 김진혁. 1990. "지역감정의 관계적 분석: 결혼 연결망을 중심으로."『한국사회학』 24: 1065-76.

김용학. 1992.『사회구조와 행위』. 나남.

김장호. 1999.『한국노동경제론: 새로운 노사관계와 보상제도』한길사.

김재원, 1994.『한국의 임금 구조와 임금 정책』. 한양 대학교 출판원.

김태홍. 1991. "남녀근로자 임금구조에 관한 연구"『여성연구』봄호. 한국여성개발원.

김현미. 1996. "한국문화와 성: 노동통제기제로서의 성: 미국계 금속조립기업에 고용된 기혼여성 노동자의 성정체성 사례연구를 중심으로."『한국문화인류학』 29-2: 167-194.

남기곤. 1994. "독점－비독점 부문 간 노동 시장 구조의 차이에 관한 세 논문: 노동 이동, 숙련 수준, 임금 구조에 대한 분석을 중심으로." 서울대학교 경제학과 석사학위 논문.

남춘호. 1986. "조직 부문 피고용자의 임금결정모형 연구." 『한국사회학 연구』 8: 겨울호. 서울대 사회학과.

______. 1991. "석탄광업 노동시장 분절에 관한 연구" 서울대학교 사회학과 박사학위논문.

노미혜 외. 1990. 『남녀 근로자 임금구조에 관한 연구』. 한국여성개발원.

류장수. 1993. "한국노동시장의 숙련별 분단구조." 서울대학교 경제학과 박사논문.

박세일. 1984. "여성노동시장의 문제점과 남녀별 임금 격차." 『한국의 임금구조』. 한국개발연구원. pp.181-226.

박세일. 1987. "정부투자기관의 보수수준 및 구조." 『한국개발연구』 9: 39-70.

박숙자. 1989. "한국 노동시장에서의 남녀 고용차별: 채용기준을 중심으로." 『한국사회학』 23: 48-74.

박영범. 1991. "한국의 성별 임금 격차 분석." 『한국노동연구』. 한국노동연구원.

박준식. 1991. "중공업 대기업에서의 노사 관계 유형에 관한 비교연구." 연세대학교 사회학과 박사학위 논문.

방하남, 이성균. 1996. "신흥 발전국에서의 구조변동과 세대간 계급이동: 한국과 대만의 경우." 『한국사회학』 30: 575-604.

방하남. 1996. "여성 노동력의 노동시장 전이과정의 동태적 분석: 미국 젊은 여성들의 경우." 『한국사회학』 30: 93-124.

서문길, 조봉채. 1989. "산업구조의 전환과 주요 산업의 현황." 김영

호, 조봉채, 小川雄平 편. 1989. 『한국경제의 분석』. 서문
　　당.

손승영, 조정아. 1993. "대졸 취업여성의 실태와 대책." 『여성학논
　　집』 10. 이화여자대학교 한국여성연구소.

송호근. 1990. "권위주의 한국의 국가와 임금 정책, 1970-1987." 『노
　　동과 불평등』. 나남.

______. 1991. 『한국의 노동정치와 시장』 나남.

신광영. 1994. "세대간 계급이동." 경제와 사회 23: 86-116.

어수봉. 1992. 『한국의 노동시장』. 한국노동연구원.

어명근. 1984. "도시 비공식 부문의 노동시장구조에 관한 이론적 고
　　찰." 연세대학교 대학원 경제학과 석사논문.

어수봉. 1992. 『한국의 노동이동』 한국노동연구원.

여성특별위원회. 1998. 『노동시장 변화와 남녀평등: 정책의 역할』

여성특별위원회. 1999. 『여성백서』.

유보경. 1988. "도시 자영업자의 형성과 존재 형태에 관한 일 연구:
　　임노동자로부터 판매직 자영업자화한 사례를 중심으로." 이
　　화여자대학교 사회학과 석사학위논문.

유희정. 1989. "사무직 기혼여성 노동에 관한 연구: 대기업 공채여
　　성을 중심으로" 『한국사회학』 23: 95-114.

윤성천. 1996. 『고용 성차별과 고평법상의 분쟁처리제도 개선방
　　안』 한국노동연구원.

윤진호. 1986. "도시 비공식부분의 노동력이동에 관한 일 연구." 사
　　회과학연구소 논문집 5집. 인하대학교.

이규용. 1989. "노동 시장 구조 변화와 특징." 김영호, 조봉채, 小川
　　雄平 편. 1989. 『한국경제의 분석』. 서문당.

이미숙, 유안진. 1997. "부인의 취업유무와 직종에 따른 부부의 가사 수행." 『대한가정학회지』 35-1: 205-219.

이숙현. 1988. "한국근로자 계층부부의 결혼적응에 관한 연구." 『한국사회학』 22: 2161-81.

이숙현, 김미경. 1990. "어머니 취업에 대한 아동의 태도에 관한 연구." 『아동학회지』 11: 98-114.

이숙현, 이희정. 1995. "취업모의 심리적 안녕: 긍정적 정서와 생활만족도를 중심으로." 『대학가정학회지』 33: 25-41.

이옥지. 1996. "성별 직업 분리 실태와 변화추이." 『96년 10월 고용평등의 달 기념 심포지움 기념 자료집』

이재열. 1986. "공식－비공식 부문 간 직업 이동에 관한 일 연구: 무허가정착지 주민의 취업경력을 중심으로." 서울대학교 사회학과 석사학위 논문.

______. 1996. 『경제의 사회학』. 나남.

______. 1999. "취업경력에 관한 동태적 분석." 『한국과 대만의 노동시장 비교연구』 학술진흥재단 외국석학 공동연구 보고서. (미간행본).

이재희. 1990. "한국의 독점자본 형성에 관한 연구: 제조업 99대 기업을 중심으로." 서울대 경제학과 박사학위논문.

이한주. 1994. "공기업과 민간기업 간의 임금격차와 노동조합의 임금효과에 관한 연구." 서울대학교 경제학과 박사학위 논문.

이효수. 1984. 『노동시장구조론－한국노동시장의 이론과 실증』 법문사.

임혜경, 임정빈. 1995. "취업주부의 직업－가정 갈등, 가사노동사회화, 그리고 가정관리만족 간의 인과관계." 『대한가정학회지』 33-3: 85-99.

장상수. 1996. "산업화과정에서의 사회이동과 그 변화." 성균관대학교 사회학과 박사학위논문.

장상희. 1993. "직장 내에서의 여성비율과 남녀차별." 『여성학연구』 4-1: 85-100.

전방지. 1984. "도시비공식 부문의 구조적 위치에 대한 고찰: 가내하청 사례 연구를 중심으로." 이화여자대학교 사회학과 석사논문.

전병재, 안계춘, 박종연 공저. 1995. 『한국사회의 전문직업성 연구』. 사회비평사.

정성기. 1985. "한국의 대기업과 중소기업의 임금과 노동 시장의 구조." 서울대학교 석사학위 논문.

정영애. 1996. "생산중심적 조직 내의 성별 관계: 공식부문 경력 여성을 중심으로." 이화여자대학교 대학원 여성학과 박사학위논문.

정이환. 1992. "제조업 내부 노동시장의 변화와 노사관계." 서울대학교 사회학과 박사학위논문.

조 형. 1982. "한국의 도시 비공식 부문." 『한국 문화 분석』 41: 99-131.

조돈문. 1994. "노동계급의 계급의식의 물적 기초: 한국, 스웨덴, 미국의 비교 연구."『경제와 사회』 23: 45-81.

조순경, 여난영, 이숙진. 1994. "여성노동과 성적 통제." 『한국여성학』 5: 164-86.

조순경. 1990. "한국 여성 노동 시장 분석을 위한 시론: 생산직 여성노동력 부족 현상을 중심으로" 『노동과 불평등』 나남.

______. 1994. "고용과 평등의 딜레마." 『한국여성학』 10: 181-209.

______. 1996. "노동조합과 노동시장: 신인력 정책과 여성노동." 『산

업노동연구』 2: 125-158.

조은. 1990. "한국사회의 성과 계급: 성분절적 계급구조와 계급분석
    에 대한 시론." 『한국사회의 비판적 인식』 나남.

______. 1994. "쁘띠 부르주아의 계급적 성격과 재생산과정." 『경제
    와 사회』 23: 20-44.

조형. 1985. "한국의 도시 비공식부문과 빈곤?" 박현채 외 (편) 『한
    국사회의 재인식』

조희금. 1997. "사무직 기혼여성부부의 생활시간구조 분석." 『대한
    가정학회지』 35-1: 1-14.

진수희: 1992. "한국노동시장에서의 성적 불평등." 『연세사회학』 13:
    149-184.

차종천. 1987. "경제발전과 사회이동의 관계에 대한 대수선형모형의
    분석의 검토: Goldthorpe 비교사회이동론의 일관성과 비일
    관성." 『한국사회학』 21: 187-208.

______. 1991. "남성 세대간 사회이동에 대한 상호연관모형 분석."
    『한국사회학』 25: 155-175.

한국개발연구원 & 재정 경제부. 1998. 『OECD 한국 경제 보고
    서』. OECD.

한국여성개발원. 1988. 『평등사회-평등고용: 알기 쉬운 남녀고용
    평등법』

______________. 1997. 『여성통계연보』

______________. 1998. 『여성취업력의 동태적인 변화분석』. (98년
    연구보고서).

허경옥. 1997. "부인과 남편의 시간배분구조 분석: 가정생산모델을
    중심으로." 『대한가정학회지』 35-1: 319-337.

홍승아. 1997. "전문대졸 여성의 취업에 관한 연구: 사무직 여성의 취업경험을 중심으로." 『여성학연구』 7-1: 91-116.

외국 문헌

Abbott, Pamela. 1987. "Women's Social Class Identification: Does Husband's Occupation Make a Difference?" *Sociology* 21: 91-103.

Allison, Paul D. 1984. *Event History Anlaysis: Regression for Longitudinal Event Data.* Sage.

Althauser, R. 1989. "Internal Labor Markets." Annual Review of Sociology 15: 143-161.

Amsden, Alice H. 1989. *Asia's Next Giant.* Oxford: Oxford University Press.

Averitt, Robert T. "The Prospects for Economic Dualism: A Historical Perspective." In *Industries, Firms, and Jobs.* edited by G. Farkas and P. England. New York and London: Plenum Press.

Baron, James N. and Andrew E. Newman. 1990. "For Whtat It's Worth: Organizations, Occupations, and the Value of Work Done by Women and Nonwhites." *American Sociological Review* 55: 155-175.

Baron, R. m. and D. A. Kenny. 1986. "The Moderator-Mediator Variable Distinction in Social Psychological Research: Conceptual, Strategic and Statistical Considerations." *Journal of Personality and Applied Psychology* 51: 1173-82.

Beck, E. M., Parick M. Horan and Charles M. Tolbert Ⅱ. 1978. "Stratification in a Dual Economy: a Sectoral Model of Earnings determination." *American Sociological Review* 43: 704-20.

Becker, G & Lesis, G. 1973. "On the Interaction between the Quantity and Quality of Children." *Journal of Political Economy* 81: s279-s288.

Becker, Gary S. 1957. The Economics of Discrimination. Chicago: The University of Chicago Press.

Becker, Gary S. 1964. *Human Capital: A Theoretical and Empirical Analysis.* New York. National Bureau of Economic Research.

Bergmann, Barbara R. 1974. "Occupational Segregation, Wages and Profits When Employers Discriminate by Race or Sex." *Eastern Economic Journal* 1:103-110.

Bibb, R. and W. H. Form. 1977. "The Effects of Industrial, Occupational, and Sex-Stratification on Wages in Blue-Collar Markets." *Social Forces* 55: 974-996.

Blau, Francine D. & Carol L. Jusenius. 1976. "Economists' Approaches to Sex Segregation in the labor market: an Appraisal." In *Women and the Workplace.* edited by Martha Blaxall and Barbara Reagan. University of Chicago Press.

Blau, Francine D. and Lawrence M. Kahn. 1981. "Race and Sex Differences in Quits by Young Workers." *Industrial and Labor Relations Review* 34: 563-77.

Blossfeld, Hans-Peter and Götz Rohwer. 1995. Techniques of Event History Modeling: New Approaches to Causal

Analysis. New Jersey: Lawrence Erabaum Associates, Publishers.

Bogenhold, D. and Staber, U. 1991. "The Decline and Rise of Self-Employment." *Work, Employment and Society* 7(3): 465-472.

Bradley, Harriet. 1989. Men's Work, Women's Work. University of Minesota Press. Minneapolis.

Brinton, Mary C., Yean-Ju Lee and William L. Parish. 1995. "Married Women's Employment in Rapidly Industializing Societies: Examples from East Asia." *American Journal of Sociology* 100: 1099-1130.

Britten, N. and A. Heath. 1983. "Women, Men and Social Class." In E. Gamamikow et al. (eds). *Gender, Class and Work.* London: Heinemann.

__________. 1984. "Women's Jobs Do Make a Difference: A Reply to Goldthrope." *Sociology* 18: 475-490.

Brown, Charles and James Medoff. 1989. "The Employer Size-Wage Effect." *Journal of Political Economy* 97: 1027-1059.

Carr, Deborah. 1996. "Two Paths to Self-Employment?: Women's and Men's Self-Employment in the United States, 1980." *Work and Occupations* 23(1): 26-53.

Chang, Jiyeun. 1997. "Labor Force Withdrawal and Entry Surrounding First Chidbirth of Married Women." Ph. D. Dissertation. University of Wisconsin, Madison.

Choi, Moonkyung. 1994. "Lifetime Occupational Achievement of Female Workers: The Case of the Republic of Korea." Ph.D. Dissertation. University of Chicago.

Cockburn, C. 1983. *Bothers: Male Dominance and Technological Change.* Pluto Press.

Cole, Robert E. 1979. *Work, Mobility and Participation* Berkeley: University of California Press.

Corcoran, Mary and Greg J. Duncan. 1979. "Work History, Labor Force Attachment, and Earnings Differences Between the Races and Sexes." *The Journal of Human Resources* 14: 1-20.

Cotter, David A., JoAnn DeFiore et al. 1997. "All Women Benefit: The Macro-Level Effect of Occupational Integra tion on Gender Earning Equality." *American Sociological Review* 62: 714-734.

Cowan, Ruth Schwartz. 1987. "Women's Work, Housework and History: The Historical Roots of Inequality in Work-Force Participation." In *Families and Work* edited by N. Gerstel and H. Gross.

Crompton, Rosemary and Fiona Harris. 1998a. "Explaining Women's Employment Patterns: 'Orientations to Work' Revisited." *British Journal of Sociology* 49: 118-136.

__________. 1998b. "A Reply to Hakim." *British Journal of Sociology* 49: 144-149.

Crompton, Rosemary. "Credentials and Careers: Some Implications of the Increase in Professional Qualifications amongst Women." *Sociology* 20: 25-42.

DiMaggio, Paul J. and Walter W. Powell. 1983. "The Iron Cage Revisited: Institutional Isomorphism and Collective Rationaity in Organizational Fields." *American Sociological Review*

48: 147-60.

Doeringer Peter B. & Michael J. Piore. 1971. *Internal Labor Markets and Manpower Analysis.* Lexington, Mass: Lexingon Books.

Dore, Ronald. 1973. *British Factory-Japanese Factory: The Origins of Diversity in Industrial Relations.* Berkeley: University of California Press.

Durkheim, Emile. 1933. *The Division of Labor in Society.* New York: Free Press.

Edward, Richard, David M. Gordon and Michael Reich (eds.) 1975. *Labor market Segmentation.* Lexington. MA: D. C. Heath.

Edwards, R. 1979. *Contested Terrain:* The Transformation of the Workplace in the Twentieth Century. New York: Basic Books.

England, Paula & George Farkas. 1986. *Households, Employment, and Gender: A Social, Economic and Demographic View.* Aldine De Gruyter. New York.

England, Paula. 1982. "The Failure of Human Capital Theory to Explain Occupational Sex Segregation." *The Journal of Human Resources* 17: 358-370.

Ferber Marrianne A & Julie Nelson. 1993. *Beyond Economic Man.* The University of Chicago Press.

Fraser, N. 1994. "After the Family Wage." *Political Theory* 22: 591-618.

Fredland, J. Eric and Roger D. Little. 1981. "Self-Employed

Workers: Returns to Education and Training." *Economics of Education Review* 1: 315-337.

Friedman, Andrew. 1977. *Industry and Labour.* London: Macmillan.

Gattiker, Urs E. & Aaron Cohen. 1997. "Gender-Based Wage Differences: The Effects of Occupation and Job Segregation in Israel." *Industrial Relation* 52: 507-529.

Giddens, Anthony. 1973. *The Class Structure of the Advanced Societies.* London: Hutchinson and Company.

Goldthorpe, John H. 1980. *Social Mobility and Class Structure in Modern Britain.* New York: Oxford University Press.

__________. 1983. "Women and Class Analysis: In Defence of the Conventional View." *Sociology* 17(November).

Goldthorpe, John H. and Clive Payne. 1986. "Trends in Intergenerational Class Mogility in England and Wales, 1972-1983." *Sociology* 20: 1-24.

Granger, Bill , John Stanworth and Celia Stanworth. 1995. "Self-Employment Career Dynamics: The case of 'unemploymet push' in UK Bood Publishing." *Work, Employment & Society* 9: 499-516.

Greene, W. H. 1993. *Econometric Analysis.* 2d ed. New York: Macmillan.

Hachen, David S. Jr. 1988. "Gender Differences in Job Mobility Rates in the United States." *Social Science Research* 17: 93-116.

Hakim, Catherine. 1991. "Grateful Slaves and Self-Made Women: Fact and Fantasy in Women's Work Orientations."

218

European Sociological Review 7(2): 101–121.

______. 1996. *Key Issues in Women's Work*. London: The Athlone Press Ltd.

______. 1998. "Developing a Sociology for the Twenty–First Century: Preference Theory." *British Journal of Sociology* 49: 137–143.

Halaby, Charles N. 1986. "Worker Attachment and Workplace Authority." *American Sociological Review* 51: 634–49.

Harris, J. R. and Todaro, M. 1970. 1970. "Migration, Unemployment and Development: A Two Sector Analysis." *American Economic Review* 60: 126–142.

Heckman, James J and Robert J. Willis. 1977. "A Beta–Logistic Model for the Analysis of Sequential Labor Force Participation by Married Women." *Journal of Political Economy* 85: 27–58.

Hoffman, L. W. 1979. "Maternal Employment." American Psychologist 34: 859–865.

Hunt, Janet G. and Larry L. Hunt. 1987. "Male Resistance of Role Symmetry in Dual–Earner Households: Three Alternative Explanations." In N. Gerstel and H. Gross (eds.) *Families and Work*.

Ishida, Hiroshi, John H. Goldthorpe, and Robert Erickson. 1991. "Intergenerational Class Mobility in Post–War Japan." *American Journal of Sociology* 96: 954–992.

Jacobs, J. 1989. *Revolving Doors: Sex Segregation and Women's Careers*. Stanford, CA: Stanford University Press.

Jacobs, Jerry A. and Ronald L. Breiger. 1988. "Careers, Industries, and Occupations; Industrial Segmentation Reconsidered." In *Industries, Firms, and Jobs* edited by G. Farkas and P. England. New York and London. Plenum Press.

Kalleberg, A. L. & Ivan Berg. 1988. "Work Structures and Markets: An Analytic Framework." In *Industries, Firms and Jobs: Sociological and Economic Approaches* edited by George Farkas & Paula England. New York and London. Plenum Press.

Kalleberg, Arne L. and James R. Lincoln. 1988. "The Structure of Earnings Inequality in the United States and Japan." *American Journal of Sociology* 94: s121-s153.

Kanter, R. M. 1977. *Work and Family in the United States.* New York: Russell Sage Foundation.

Kelly, R. F. and Voydanoff, P. 1985. "Work/Family Role Strain among Employes Parents." *Family Relations* 34: 367-374.

Kilbourne, Barbara Stanek, Paula England, George Farkas. Kurt Beron and Dorothea Weir. 1994. "Returns to Skill, Compensating Differentials, and Gender Bias: Effects of Occupational Characteristics on the Wages of White Women and Men." *American Journal of Sociology* 100: 689-719.

Kline, Marsha and Philip A. Cowan. 1989. "Rethinking the Connections among Work and Family and Well-Being: A Model for Investigating Employment and Family." In *Work and Family* edited by Elizabeth B. Goldsmith. sage.

Koo, Hagen. 1976. "Small Entrepreneurship in a Developing Society: Patterns of Labor Absorption and Social Mobility." *Social Forces* 54.

Lawrence, Paul R. and Jay W. Lorsch. 1967. *Organization and Environment: managing Differentiation and Integration.* Boston: Graduate School of Business Administration. Harvard University.

Lincoln, James R. & Arne L. Kalleberg. *Culture, Control, and Commitment: A Study of Work Organization and Work Attitudes in the United States and Japan.* Cambridge University Press.

March, James G. and Herbert A. Simon. 1958. *Organizations.* New York: Wiley.

________. 1981. "Decision-Making Theory", Grusky and Miller (eds.) *The Sociology of Organizations: Basic Studies.* New York: Basic Books.

Marglin, S. 1974. "What do Bosses Do?: The Origin of and Function of Hierarchy in Capitalist Production." *Review of Radical Political Economy* 6: 60–112.

Mayer, Karl Ulrich and Nancy Brandon Tuma. (eds.) 1990. *Event History Analysis in Life Course Research.* The University of Wisconsin Press.

Meyer, J. P., N. J. Allen & C. A. Smith. 1993. "Commitment Organizations and Occupations: Extension and Test of a Three-Component Conceptualization." *Journal of Applied Psychology* 78(4): 538–551.

Meyer, John W. and W. Richard Scott. 1983. *Organizational*

Environments: Ritual and Rationality. Beverley Hills: Sage Publications. Inc.

Mincer, J. 1962. "Labor-Force Participation of Married Women: A Study of Labor Supply." In *Aspects of Labor Economics* edited by H. Lewis. Princeton University Press.

__________. 1963. "Market Prices, *Opportunity Costs, and Income Effects." In Measurement in Economics.* Stanford University Press.

Mincer, Jacob and Solomon Polachek. 1974. "Family Investments in Human Capital: Earnings of Women." *Journal of Political Economy* 82: S76-S108.

Neal, Derek. 1999. "Complexity of Job Mobility among Young Men." *Journal of Labor Economics* 17: 237-261.

Odaka, Kunio. 1975. *Toward Industrial Democracy: Management and Workers in Modern Japan.* Cambridge. MA: Harvard University Press.

Orthner, D. K. and Pittman, J. F. 1986. "Family Contributions to Work Commitment." *Journal of Marriage and th Family* 48: 573-581.

Ouchi, Willian G. 1980. "Markets, Hierarchies, and Clans." *Administrative Science Quarterly* 25: 129-41.

Parish, William L. and Robert J. Willis. 1993. "Daughters, Education, and family Budgets: Taiwan Experiences." *The Journal of Human Resources* 28: 863-898.

Petersen, Trond & Laurie A. Morgan. 1995. "Separate and Unequal: Occupation-Establishment Sex Segregation and the Gender Wage Gap." *American Journal of Sociology* 101: 329-365.

222

Polacheck, Solomon William. 1981. "Occupational Self-Selection: A Human Capital Approach to Sex Differences in Occupational Structure." *The Review of Economics and Statistics* 63: 60-69.

__________. 1976. "Occupational Segregation-An Alternative Hypothesis." *Journal of Contemporary business* 5.

Porter, Lyman and Richard Steers. 1973. "Organizational Work and Personal Factors in Employee Turnover and Absenteeism." *Psychological Bulletin* 80: 151-76.

Portes, Alejandro and Lauren Benton. 1984. "Industrial Development and Labor Absorption: A Reinterpretation." *Population and Development Review* 10: 589-611.

Portes, Alejandro and Saskia Sassen-Koob. 1987. "The Urban Informal Sector in Uruguay: Its Internal Structure, Characteristics, and Effects." *World Development* 14: 727-741.

Rosenbaum, James E. 1979. "Tournament Mobility: Career Patterns in a Corporation." *Administrative Science Quarterly* 24: 220-41.

Rosenfeld, Rachel A. & Kenneth I. Spenner. 1992. "Occupational Sex Segregation and Women's Early Career Job Shifts." *Work and Occupations* 19: 424-449.

Salancik, Gerald R. 1977. "Commitment and the Control of Organizational Behavior and Belief." In Barry M. Staw and Gerald R. Salancik(eds.) *New directions in Organizational Behavior*. Chicage: St Clair Press. 1-54.

Sandell, Steven H. & David Shapiro. 1978. "The Theory of Human Capital and the Earnings of Women: A Reexamination of the Evidence." *The Journal of Human Resources.* 13:103-117.

Sengoku, Tamotsu. 1985. *Willing Workers: The Work Ethics in Japan, England and the United States.* Westport. CT: Quorum Books.

Sewell, William H., Jr. 1992. "A Theory of Structure: Duality, Agency and Transformation." *American Journal of Sociology* 98: 1-29.

Snyder, David. 1975. "Institutional Setting and Industrial Conflict: Comparative Analyses of France, Italy and the United States." *American Sociological Review* 40: 259-78.

Sorensen, A. B. 1974. "A Model for Occupational Career." American Journal of Sociology 80: 44-57.

Spain, Daphine & Suzanne M. Bianchi. 1996. *Balancing Act.* Russell Sage Foundation. N. Y.

Spilerman, Seymour. 1977. "Careers, Labor Market Structure, and Socioeconomic Achievement." *American Journal of Sociology* 83: 551-93.

Stanworth, M. 1984. "Women and class Analysis: A Reply to John Goldthrope." *Sociology* 18: 161-169.

Staw, B. m. and J. Ross. 1985. "Stability in the Midst of Change: A Dispositional Approach to Job Attitudes." *Journal of Applied Psychology* 70: 469-80.

Steinmetz, G. and E. O. Wright. 1989. *The Fall and Rise of the Petty Bourgeoisie: Changing Patterns of Self*

Stewman, Shelby and Suresh L. Konda. 1983. "Careers and

Organizational Labor Markets: Demographic Models of Organizational Behavior." *American Journal of Sociology* 88: 637-85.

Stone, K. 1974. "The Origins of Job Structures in the Steel Industry." *Review of Radical Political Economics* 6: 113-173.

Sørenson, Aage B. 1974. "A Model for Occupational Careers." *American Journal of Sociology* 80: 44-57.

__________. 1975. "The Structure of Intergenerational Mobility." *American Sociological Review* 40: 456-471.

Tam, Tony. 1997. "Sex Segregation and Occupational Gender Inequality in the United States: Devaluation or Specialized Training?" *American Journal of Sociology* 102: 1652-92. (in G)

Todaro, Michael. 1969. "A Model of Labor Migration and Urban Unemployment in Less Developed Countries." *American Economic Review* 59: 138-48.

Tolbert, Charles M. II. 1982. "Industrial Segmentation and Men's Career Mobility." *American Sociological Review* 47: 457-77.

Treiman, David J and Patricia A. Roos. 1983. "Sex and Earnings in Industrial Society: A Nine-Nation Comparison." *American Journal of Sociology* 89: 612-650.

Turner, Ralph. 1960. "Sponsored and Contest Mobility and the School System." *American Sociological Review* 25: 855-867.

Voydanoff, P. 1988. "Work Role Characteristics, Family Structure Demands, and Work/Family Conflict." *Journal of Marriage and Family* 50: 749-761.

Walby, Sylvia. 1990. *Theorizing Patriarchy*. Oxford: Basil Blackwell. 유희정 (역) 『가부장제이론』 이화여자대학교출판부.

White, H. 1971. *Chains of Opportunity: System Models of Mobility in Organizations*. Cambridge: Harvard University Press.

Williamson, O. 1975. *Markets and Hierarchies*. New York: Free Press.

Yamaguchi, Kazuo. 1991. *Event History Analysis*. Sage.

Zhou, Xueguang, Nancy Brandon Tuma and Phyllis Moen. 1997. "Institutional Change and Job-Shift Patterns in Urban China, 1949 to 1994." *American Sociological Review* 62: 339-365.

●저자●

● 조혜선(趙惠善)   약 력

연세대학교 문과대학 사회학과 졸업
연세대학교 문과대학원 사회학 석사
미국 텍사스대학교(Austin) 사회학 박사 과정 수료
연세대학교 문과대학원 사회학 박사
동덕여자대학교 대학원 여성학과 박사후 과정
연세대학교 여성인력개발연구원 책임연구원
전국 여성과학기술인지원센터 자문위원
연세대학교 사회발전연구소 전문연구원

주요 논저
「한국사회의 세대구분과 세대차이 연구」
「조기교육과 어머니의 역할」
「결혼만족도의 결정요인: 경제적 자원, 성 역할관,
 관계성 모델의 비교」
「기혼여성의 고용지위 결정요인: 가족과 노동의 접합」
「Changing Gender-Based Compensation Differentials:
 The Effect of SEEA」
『여성과 과학기술』(공역), 『한국의 여성정책』(공저)
외 다수

여성 노동과 조직
-기회의 차이는 있는가-

● 초판 인쇄	2005년 5월 2일
● 초판 발행	2005년 5월 2일
● 지 은 이	조혜선
● 펴 낸 이	채종준
● 펴 낸 곳	한국학술정보㈜
	경기도 파주시 교하읍 문발리
	파주출판문화정보산업단지 526-2
	전화 031) 908-3181(대표) · 팩스 031) 908-3189
	홈페이지 http://www.kstudy.com
	e-mail(e-Book사업부) ebook@kstudy.com
● 등 록	제일산-115호(2000. 6. 19)
● 가 격	13,000원

ISBN   89-534-2337-6 93330 (paper book)
        89-534-2338-4 98330 (e-book)